白象文化

人生管理學

丁博◎著

序

大家好，起心動念想要寫這本書的原因有三個：首先是因爲過去在法人單位，單位執行長邀請每位擁有不同領域博士學位的同仁，每隔二週自由發表讀書心得，而丁博則是將歷年來有關學生生涯發展指導與人生探討的演講稍作整理做成簡報分享，因此產生了人生管理學的雛形。

再則是丁博小時候有個不順遂的家庭與成長環境，於剛升國中人生迷惘時，偶然在文具書店買了一本書，外表是咖啡色，書名叫做「道德與修養」，主要描述爲人處事的道理，從此深遠地影響自己的人生。後來不知道把書送給哪一位親信，從此不知去向，網路上及書局也找不到了。這本書改變了丁博的人生，所以自認也有責任出書回饋，把人生管理學這本書當作「現代版道德與修養」一書，或者視爲管理科學版的「秘密」一書也行。

最後是完成此書最主要的動力：在電視、報章雜誌及網路媒體的社會新聞上，常常每隔一段時間就會看到人倫悲劇的重演，普羅大眾都會以結論的心態來看待這樣的消息，覺得遺憾惋惜、自食惡果、殘忍恐怖等等。丁博每次看到這些人倫新聞都會覺得這是可以避

免的、這是可以用更好的方法來解決的，因此督促著丁博正式完成人生管理學一書。

—人打從一出生就已經注定很多事情—

丁博相信大部分的人一生中是苦過來的，然後堅毅地努力不懈經營自己的人生，最終擁有夢寐以求的生活與成就，但其實這也僅僅是少數成功典範。大部分的人仍然走不出來原生家庭的羈絆，也長期煩惱著自組家庭的種種困擾，甚至迷迷惘惘犧牲了一生的大好歲月。人生遇到難解的問題時，有的人勸我們要放下，可以放下的人是因爲日子還是得過，還是眞的想通豁達了？有的人選擇逃避，選擇逃避的人是因爲無能爲力，還是另有更遠見的盤算？有的人個性上始至不渝堅強面對，勇於面對的人是因爲有責任感或道德感驅使？抑或無法割捨的情感牽絆？人生到底應該怎麼想、怎麼做才是最正確的觀念，而能摸索出最佳解呢？

有誰可以在我們學齡前、國小、國中、高中、大學、戀愛、婚後、養育小孩、更年期及老人等階段，能夠指導我們在有限的家庭資源與個人學識能力下，提供正確的觀念，作出正確的決定，把人生經營的順順利利，而不是僅能全盤且無知的繼承著原生家庭一、二十年來家庭環境潛移默化的個性塑造，在人生的道路上持續的跌跌撞撞。

丁博相信沒有人可以陪在我們身邊隨時指導著，即使有外人願意這樣做，但家家有本難念的經，不是身在其中何以見得此錦囊妙計可行。無論如何，我們的確可以經由請教專家長者、自我知識的提升、以及尋求他人的經驗來建立更佳的爲人處事觀念，思考獲得最佳的方法，並且有效率的執行自己的人生。但是，您做到了嗎？

—人生是一門學問—

自從丁博的妻子（簡稱愛妻）四十歲之後，常常聽她說：「人生！」，久而久之便成了她的口頭禪。這句話在不同的情境、口氣與語調之下，感覺與「阿彌陀佛」很像，似乎有看透某個層面的東西，也有釋懷的意思，當然也有無奈的感覺。但丁博有自覺地盡量少做錯事、少說錯話、溫柔體貼、善解人意、任勞任怨、按時交糧，以免丁妻脫口而出的「人生！」是因丁博的罪過而起。其實愛妻的個性一級棒，是百年難得一見的好人妻，個性與生活工作環境都很單純，所以也不知道養成這口頭禪的習慣是否跟先天的佛家慧根有關。雖然每個人對人生的見解皆不同，但有些探討人生的知性與識性的脈絡，丁博認爲應該是要有標準答案的，好比大自然環境充滿著物理與化學交錯的原理一樣，是可被分析歸納與深入研究，只不過人生哲學裡存在太多變數，難以被系統性且科學化的方式編制成教育書籍。

人生管理學是學校不會教的一門課程，沒有教授敢授予學生說：遵守這樣的觀念、邏輯、步驟或公式，你的人生就會一帆風順。因爲說不定連教授也對自己失敗的婚姻、被詐騙、養出不肖子、未能及時對父母盡孝而感到懊惱悔恨。相信父母親友也曾說，人生要靠自己掌握，卻不知其實父母親友似乎也未曾眞正掌握過自己的人生。愈早了解何謂人生，越早自覺人生酸甜苦辣的因果關係，後面的人生則會過得更坦然順遂。本書在最後利用闡述的人生觀念，推導出人生公式供讀者參考，也爲後續的章節鋪陳與套用。這是本書製作的首要目標章節——人生眞諦。

—改變人生從學習管理開始—

自身父母的基因、學識程度、給予小孩的成長環境、育兒能力、經濟資源等等因素，造就所謂一樣米養百樣人的差異。當我們從嗷嗷待哺至開始懂事之前，我們沒有資格與能力選擇對的父母、優渥的經濟環境等令人稱羨的人生勝利組所需具備的成長資源，小孩只能一直都是全盤接受方，接受可能不合理的家庭管教方式、從小背負家庭債務、淺移默化的男尊女卑等潛意識成長教育環境，長期薰陶下不知覺的造就了我們人格上的缺陷，即使長大懂事後仍然深遠的影響著自己的身心、婚姻家庭及未來的人生。有時候夜深人靜時，一股不快樂的原因究竟是來自何處，自己也許根本不知道？一股說不出來的悶及怨是從何時累積的？又糾結了多少歲月？非得要等到身心靈承受不住了！爆發了！睡不著了！再來求醫總結是罹患了憂鬱症或躁鬱症，接受醫療指引長期服藥治療，或者無知無解地尋求宗教宮廟解答解脫，最終仍遲遲未能掌握自己人生的核心問題來對症下藥，而且心病還得心藥醫。

前面有提到人生的部分階段，當然也可以用幼兒、青年、少年、中年與老年等年齡層方式來分階段。無論任何階段都有自身的工作與責任要承擔，也有快樂與悲傷、取與捨之間的抉擇。雖然年紀越小越沒有決定權，但承擔的責任越輕；年紀越大越有決定權，但得由自己完全承擔後果的力道更強。無論年紀大小、成熟度、思考與抉擇能力如何，人生就像大自然一樣充滿著變化，不如意事十常八九，不會有永遠的快樂與悲傷，也不會有永遠的幸福與苦難，因此我們應該努力地改變苦難與悲傷的窘境，持續維持快樂幸福的人生。

「人生管理專家」不是張老師專線、不是家庭專科醫師或心理醫師、不是政府社福單位、更不是父母、而應該是自己。經由學習管理科學可以讓自己成爲自己的人生管理專家，糾正個人觀念與缺陷，善用個人周遭有限資源，不再受限於之前原生父母與他人給予的限制與影響，努力正面活出身心靈自主，才能眞正掌控自己的人生。這是本書製作的第二目標章節—人生管理。

—巴菲特教你投資人生—

這裡還要再稱讚一次愛妻是位溫柔賢淑、勤儉持家，百年難得一見的美人妻，否則她會要求本書中不要提到她。阿彌陀佛，寫到這裡已經有點毛毛的感覺要被念了。愛妻繼承了父母的基因與家庭教育，非常節儉，練就了勤儉持家降龍十八掌，是丁博人生中最佩服與最感謝的第三個人，而一、二名肯定就是丁博的岳父與岳母，因爲女兒是他們教育出來的。

從管理學的角度來說，當我們從本書第一章「人生眞諦」了解人生的本質，再學習到第二章「人生管理」，建立起人生管理能力之後，便可開始盤點自身與周遭可掌握運用的資源，進而開始規劃人生，實務面地開始投資經營人生。建議每一個年齡層吸收本書內容後，可藉由本書提供的人生管理概念與工具開始分階段規劃人生，並且有長輩或者學校老師從旁協助指導更好，最有價值的人生專案執行前的先期工作就是「規劃階段」，而不是像學校輔導室對待屆齡畢業的學生一樣，一兩個小時時間草草以升學諮商及性向測驗結果總結，缺乏背景研究與人生資源探勘，短視地簡單了事；也不該像張老師專線一樣，聽取片面之詞與行片面之建議與紓解，治標不治本，解決人生棘手的問題實非一蹴可及。

從教育研究的本質來說，本書第一章「人生眞諦」如同建立國高中基本學力，第二章「人生管理」如同念大學建立起自己的專業，接著再根據自身的有限資源與成長特性，確立人生目標，規劃執行步驟、擬定策略等等，一步一腳印的按部就班執行，就像眞正開始上人生戰場一樣。人生專案執行成果如同研究所碩士班論文產出的價值一樣，研究過程不可能一帆風順但可以隨時微調。碩士論文研究與人生專案最大的不同在於論文可以重做，但人生就這麼一次，時間浪費掉就沒了。人生專案執行過程中若需要大改，表示這是注定失敗的專案，那這專案就得再重新規劃與執行，不能輕言放棄人生。

丁博的投資哲學是學習巴菲特的精神，只看基本面不看技術面，投資風險考量優於投資利潤、量力而爲、拒絕高槓桿財務管理、遵守長線投資等原則。丁博的投資哲學套用在人生管理上，上至不會讓讀者大富大貴，但應該可以心滿意足；下至絕不可能傾家蕩產，且可以穩定中持續追求發展機會，這是本書製作的第三目標章節—人生投資。

—成功了，為下一段人生做準備—

雖然成功的定義因人而異，但是必定在人生的路途上累積掌握了部分珍貴的人生資源，「守成」就成為了一個重要的課題。接下來該怎麼安排？要為了誰的下一段人生做準備？為了自己的下半生做準備還是為了小孩的人生做準備？答案當然可能都是。沒有小孩怎辦？當然就把更多人生的資源用來安排自己下半生。

為人父母養家育兒都是偉大的，必須將每個月賺得的薪資分配多處使用，奶粉、房租、孝養退休雙親等等。所以學會投資很重要，接著學習守成更重要。那麼人生一直入不敷出，未達自己心目中的成功定義怎辦？表示你完全不知道如何管理人生，在人生的道路上失去許多機會、浪費許多時間與金錢、捨棄許多親情與朋友，隨著年紀越大離成功的人生目標就越渺茫，這是理所當然的事，但若身心仍有餘力，還是應該振奮起來重新思考規劃，盡力而為，於時未晚。

是的，在這裡，如果成功了，仍得要小心之前的成功經驗未必適合應用到另一個產業、未必適合投資股市、未必適合再投資自己，因爲四十歲至六十五歲之後的自己，即將歷經更年期、合夥創業、中年危機、身心老化、權利在握、孤獨寂寞、夫妻不和、性誘惑、宗教信仰等變化，爲人處事不再像年輕時期單純，心思稍有不愼恐怕把過去努力積攢來的人生資源都給莫名其妙花光或被騙光了，探討守成及規劃已獲得的人生資源，以及戒愼恐懼經營下半生生活，如何知老養老待老，是本書製作的第四目標章節—人生永續。

綜上所述，本書分爲四個章節：

一、何謂人生：了解人生眞諦，定義人生公式，建立正確人生觀。

二、管理人生：以專案管理技術論述如何經營人生。

三、投資人生：用巴菲特投資理念規劃身邊有限資源，以獲得想要追求及創造的人生價值。

四、永續人生：以系統思考學解析人生複雜性問題，避免悲劇重演，永續老年與後代人生。

最後，丁博期盼看完本書後，讓讀者對人生有更深的體悟與了解，能夠秉持平靜且堅強的心來面對未來人生的種種考驗。因爲您已經了解何謂人生，也懂得如何管理人生、投資人生、守成及永續人生，並且從中做好風險管理，互勉之。

目錄

第二章　人生管理

第一章　人生真諦

維基百科描述眞諦二字的解釋爲：「眞實的道理與意義，或最佳的答案」。人類是高等智慧生物體，從最基本的生理需求到以受到尊重、追求成就、精神上的昇華等境界，每個人的人生都是多變多樣化呈現，實難以某個論理或公式能夠一言以蔽之，而無落入以偏概全的地步。坦白說，丁博在編撰完此書的目錄與撰寫部分人生眞諦的些許小節後也曾停下了腳步約半年多的時間，在天使與魔鬼相互縈繞著耳邊相互批判，思索著何以見得丁博撰寫的人生管理學有助於普羅大衆，而不是落入庸俗空洞，看完兩周後就忘一半，一個月後就忘光的的勵志書，皆因一個人的命運難以一本書而有所變化。最後，終究還是得落入無我的境界（意思是不用想太多了），此書不出難辭其咎，捨我其誰。

—大自然法則—

當宇宙大爆發之後，炙熱的地球慢慢地的冷卻到某個適合生命誕生時間點的環境，生命便開始在海洋陸地遍地開花，陽光、空氣、水、微量元素、時間、混種等生物演進的要素，使得生命皆有其獨特性。直到今日，大自然仍然是奧妙充滿變化的，且亂中有序，序中有亂。

在大自然的演進中，每個物種的滅絕與誕生都是自然而然的。物競天擇，適者生存，最後總是會有某種較聰明的生物，在某個存續繁衍時期，成為了一方的霸主，甚至可能掠奪了地球上大部分的天然資源。目前，主宰著地球的萬物之靈是人類，藉由高度智商與互助合作，在物質的擁有與精神上的自主已遠遠超越過去人類的原始及農業生活，但也相對快速破壞了地球這位孕育我們大自然的母親，人性的貪婪終究會反噬人類自己，最終再回歸原有的大自然法則與生態。高等智商的人類巳經將大自然法則解析成基礎物理化學學門等元素特性，並且組合應用成為目前文明科技。「人生」表示一個人的一生，也包含在大自然的體系下，當然也可以解析成一門科學化的學科。

身為人類可以享受七情六慾，有自覺性、有創造力、自由奔放等等好處，但我們跟其他生物一樣都避免不了大自然法則賦予生老病死的遊戲規則。地球上有七十五億以上的人口，不管我們是那個母胎生的，都是這大自然的產物，皆遵循著後代繁衍的規則。在這大自然的體系下，以七十五億分之一來注目每一個人生命的誕生與重要性，則每一個人的出生都是偶然的，都是隨機產生的生命個體，即使是同一個父母出品的，也會有很多差異點。男女之間相愛修成正果有了愛的結晶「小孩」，這小孩尚未出生就注定了很多事情，例如：

- 基因：先天性疾病、智商、身材臉蛋等遺傳；
- 語言：中文、英文、西班牙文、原住民族語；
- 文化：國家、律法、社會規範、宗教信仰；
- 繼承：財富、事業、名聲；
- 環境：都市鄉村、高山海邊、內陸海島；
- 父母學識力：教育能力、經濟能力、三觀、抗壓性、責任感；
- 親友：兄弟姊妹、同學、朋友；

上述範例幾乎都是親生父母給的，無從選擇，另外在孤兒院或單親下成長的小孩，則人生會過得更辛苦些。每一個人的人生其實都是各自充滿變數在運作著，俗話說：「一人一款命」，人是無法生而平等的。大自然的法則下，人類爲了生存，爲了繁衍下一代，無所不用其極，遷移、狩獵、讀書、工商農漁牧業、國家政治與貿易、民族宗教戰爭等等，從非文明到文明的國家社會都依然堅守著生物本能，繁衍、繁衍再繁衍，因此「基因」是大自然法則下，生物一直延續下來的珍貴資產，是爲了適應各種環境，繁衍生存而持續進化的基本能力，也是父母親影響小孩人生最深遠的變數。

—文化與語言—

影響人生最大的變數是基因，影響人生第二大的變數就是文化及語言。各國民族文化歷史都非常久遠，文化的差異影響著國家形成、治理與社會法律的制訂，如果我們可以試著了解一個國家的文化跟歷史背景，其實不難了解爲何這個國家是共產或極權國家，說不定外力逼迫共產國家瞬間變成了民主國家，不導致長期內戰才怪，更何況有些國家長期信仰某種宗教而以宗教立國，若強迫百姓改信其他宗教，精神上的衝擊可謂生不如死。因此丁博認爲在不違反人類生命價值與人權的前提之下，國家間應該互相尊重彼此的文化與國家管理方式。美國軍隊駐守及扶持阿富汗政府政權將近二十年，一撤軍不到十天就被塔利班奪回政權，不就是這個邏輯。

祖先傳承下來的用詞遣字、語文組合自有其深遠的意涵，尤其是中華文化古文詩詞的字裡行間，實在令人讚嘆，有時候都會覺得從小英文學不好是因爲四書五經詩詞讀太多了。出生時，我們的姓名不管是誰取的，從姓名內的字裡行間或者筆劃數間接可以看出個性、職業及婚姻狀態，加上紫微斗數或者星座血型參數等探勘技術解讀，八九不離十，人生這場戲就是照這個劇本演了。除非人生過程中，不小心被雷打到，或者不小心溺水而命不該絕，因緣際會改變了既定的命格；或者像丁博撿到阿拉丁神燈許願娶到愛妻，但其實不照劇本演的人生不也是一種人生劇本。

姓名對人生的影響頗大，因爲幾乎天天用的到姓名，不是簽名用就是交際稱謂。丁博有一個簡單的解讀「姓名」對人生的影響，謹供讀者參考。我們的姓名合起來大多三個字（例如現任總統蔡英文，「蔡」字爲姓，「英」字爲名一，「文」字爲名二），如果姓加名只有兩個字，則名一與名二則爲同一個字，丁博認爲：

- 姓：代表著祖宗、基因、家庭文化與資源，其中跟母姓者則受到母親那邊的家族影響會較深遠，當然大部分我們都是從父姓較多，另外若是有機會認有錢人當乾爹跟著姓倒是一種難得的機緣；
- 名一；代表著自己的工作職業及專業領域、事業運，從名一可以探知未來選系與就業方向；
- 名二：代表著自己的人格特性、內在修養；

姓名彼此之間會相互影響，所以取個好姓名眞的很重要。姓名內各個字可以再拆解成部首，依照部首的意思來細部解讀，例如台灣歷年的民選總統，李登輝、陳水扁、馬英九、蔡英文，很湊巧的是每個人的名一都跟農田農作有關係，所以如果二千零二十四年柯文哲、賴清德與侯友宜競爭總統大選，因爲水加上青草，丁博猜賴清德獲勝，僅供參考。有很多人長大後對自己的姓名並不滿意，跑去改名字，姓不能改，除非要改從母姓，雖然名字可以改，但通常改了也是白改，因爲過去的姓名造就了自己，而自己喜歡的名字還是由自己的個性與學識力綜合思維選的，除非願意再讓別人幫取名字且全盤接受，但這是很難突破並說服自己的事。

我們一出生後，文化與語言就一直跟在我們身邊一輩子，除非被外國人領養走了，例如有個嬰兒是非洲部落黑人生的叫小黑，一出生被美國白人領養走後改名叫愛德華，所以愛德華的人生隨著被領養而改變了家庭、文化與語言的薰陶，並且假設擁有豐富的家庭資源，但是仍然無法影響的是愛德華的基因。令人難解的是，即使愛德華在美國充滿愛與幸福的家庭環境中長大了，仍然會有一股野性的力量呼喚著愛德華回去非洲尋找出生地或親生父母。這不用驚訝，這是大自然現象，因爲身體的基因會有慾望驅動著想感受那非洲環境的陽光、空氣、水與至親之人，例如有時候社會新聞時有耳聞跨國的尋根之旅，至於會不會覺得原出生地比較適合定居長留生活則又是另一個層面的考量了。

—國民義務與家庭教育—

「父母學識力」指的是父母親在專業學問、邏輯觀念、待人處事、管理能力與道德修養等能力程度。家庭教育是影響人生的第三大變數，並取決於父母的學識力，可怕的是家庭教育的本質強有力的硬囊括了基因與文化語言，也就是說基因與文化語言早已根深蒂固的成爲了家庭教育的一部分。俗話說：「拿香跟著拜」，例如全家吃素就是家庭教育下淺移默化的宗教文化信仰例子，而不會思索長期吃素對身體可能造成的危害，甚至因爲營養不良誘發憂鬱症。另一個例子就是家庭生活管理，髒亂的家庭環境顯現父母不重視小孩的成長環境，亦即過去父母的原生家庭成長環境也一樣髒亂。家庭教育的本質應該在促進優質成長環境以培育後代子孫，建立更適合現在及未來的生存能力及資源累積，讓血脈順利開枝散葉，如同大自然法則下海陸空中各個動植物的繁衍行爲。

國民義務教育與家庭教育孰優孰劣？丁博認爲國民義務教育能改變因爲父母學識力不高所帶給小孩不良的家庭教育影響。雖然讀書是脫貧最好的解藥，但從小家庭教育大多已限制了學習能力。學識力較低的父母，例如從事的職業是工人或生產線員工，則小孩的學習慣性會導致小孩較信任學校老師勝於父母，而且國民義務教育提供的學習內容是較偏向適應社會現況與符合國家發展所應具備培養的觀念及基本生存能力；若父母學識力較高，例如醫生或教授，則父母與學校老師之間的觀念有衝突時，小孩會優先接受父母具備的優越性與自信所提供的言行觀念與身教。

丁博相信有受過教育的人對前二節的觀念描述並不反對，但是過往三零年代之前的老一輩，例如丁博的媽媽，其實很多都沒有受過國民義務教育，甚至是文盲。沒有機會受國民義務教育的人，未來人生經營上就難以有大幅度的進步與改善，例如土著或山地人。隨著目前資本主義及文明科技的進步，貧富差距懸殊已經不只是一代影響後面一代而已，有可能子孫從此難以翻身甚至血脈滅絕，但這其實也是大自然的現象，適者生存罷了。國民義務教育是影響人生的第四大變數，也是最有機會改變天生的基因及不良的家庭教育所帶給人生命運的桎梏。很少人可以感受的到這個國家將九年義務教育提升到十二年所帶給人民社會是多麼偉大的成就，而視爲理所當然，甚至不懂得珍惜。未來期盼台灣能夠持續進步，也能將大學四年納入國民義務教育，像北歐四國一樣。

即使有機會在國高中小學倫理與社會的課本上學習到人生經營的觀念，但對成人後的人生經營與問題解決上卻大多無法學以致用，或者沒有想到過站在最基本的人性需求下角度，去思考解決人生所遭遇到的種種感情與事業上的問題。丁博認爲原因在於國高中小學畢業後至成年出社會中間，即大學至研究所時期的斷層，在學習個人專業技能及職業倫理時，忽略了應該繼續延續的人生管理教育，甚至出社會後也一直未再充實人生管理課程。使得學識力不高的成年人未來在遭遇複雜的事件時，容易失去理智釀成大禍。例如現今社會三對夫妻就有一對離婚的可怕數據，或者社會新聞每隔一段時間就會重現的不倫戀或人倫悲劇事件。

—人生而修行—

維基百科說到「修行」的解釋：本爲君子修養的實踐活動，又稱作修身。後來成爲專用於佛教、道教的宗教術語，指稱其用精神或行爲的鍛鍊，藉以悟道的方法，如打坐修禪、冥想、靈修、念經、念佛、行善等等。

宗教來自於民族文化，丁博認爲宗教信仰是一種經營人生的輔助系統，過與不及或者無知無解的利用，根本無濟於事甚至有害。無論任何宗教，都會有神職服務人員，這些服務人員有的是受到神的感召、有的是情感上遭受重大打擊等等因素，而立志擔任神職服務人員。現代社會中，有不少篤信宗教但不在寺廟服務，稱之爲「在家修行」，這些修行者也不少是受到一些啟發而有修行的念頭，這些念頭不會是嬰兒一出生就注定或決定要修行。即使是和尚或者尼姑，也不會還未懂事之前就起了修行的念頭，絕大部分都是歷經了一段人生歷程之後才會有起心動念。起心動念都是來自於有因果關係的事件，在人生的道路上究竟是心有感應主動修行，或環境所逼被動修行，又有多少人分的淸楚？修行的意思又是什麼，是要心無窒礙、修道成仙、放下偏見或執念、還是日子過得太閒了而過度精神異常思想偏激，想逃離原本的生活環境。

俗語有句話說；「落土時，八字命」，表示投胎後生辰八字就大致決定好一生的命運，只不過在本書中前幾個小節非以玄學命理方式來論述，而是以知識邏輯推理來引導讀者，但意思是一樣的。玄學命理可以引導推測命運的安排給讀者參考，家庭心理諮商及生涯輔導未嘗不行，只不過尚未有人將人生管理製作成系統性的教育學程。

綜上而言，影響人生的四大變數爲基因、文化語言、家庭教育及國民義務教育。因此小孩在媽媽懷孕時就已經注定很多將來成長過程的背景，這些背景都不是小孩自己自願或者可以選擇的。如果父母學識力不足，不注重教育，則小孩的教育程度不高。如果父母連基本生活的開銷都負擔不起，則小孩也必須提早在求學階段便得同時打工肩負起貼補家用的責任，甚至輟學放棄專心提升自身學識力的時機，導致小孩自己未來自組家庭的經濟也同樣困苦，很多劣質的家庭便是在這樣惡性循環的人類社會環境中生存。

在個人心智尚未成熟懂事以及可以獨立自主的掌握人生之前，長輩給予的成長背景就是培育成人之後經營自己一生可擁有的學識力與人生資源，這些資源有些看似美好，例如一出生就含著金湯匙，對未來人生經營有可能是負面幫助的；有些生活看似困苦，例如父母是農民，卻反而是人生最大的助益。在成熟懂事以及可以獨立自主之後，有的人願意花更多時間進修以修正提升自己的學識力，以彌補過去不良的家庭教育及背景帶給自己人生的負面影響，但大部分人是不知所措而難以突破人生既定的命運。丁博認爲一個好的修行者：「無知時概括承受，眞知時修練人生」。

丁博將「修行」一詞套用在人生，即「人生而修行」的觀念，人一生下來其實就已經在修行了，不用等到某個時機的領悟、受到感召或者感情破碎才有修行的念頭，這不是從佛理的角度來論述，也不是要勸大家學佛。「人生而修行」的核心觀念就是背負著原罪（原生家庭給予的優劣），領悟人生的眞諦，努力經營人生，最後此生無憾而善終。用分期的方式說明整理如下：

- 被動修行期：人一出生便得被迫全盤接受影響人生的四大變數。尚未有自主及能力主導自己想要過什麼樣的人生。這期間已經注定背負著人生債。例如不好的家庭教育與環境導致的貧窮、吸毒、逃學、等心智偏差的言行；
- 摸索修行期：似懂非懂尚在摸索人生，帶著原生家庭有限給予的資源與能力，試圖找出自己人生核心問題並即將領悟；
- 主動修行期：領悟成長背景有所缺陷而選擇面對與否，開始提升自我能力、盤點人生及修正人格；
- 成長修行期：已有能力主導自己想要過的人生時期。償還人生債，努力解決或遠離逃避原生家庭的問題，避免原生家庭影響自組家庭，解決問題能力高低取決於自己過去累積的學識力程度。而原生家庭家人間情感的羈絆是阻礙自己主導自己的人生最大的障礙；
- 守成修行期：累積部分人生資源，開枝散葉、分配資源並避免誘惑及複雜問題纏身。代表著這一生修行的最終成果；

人生比較像是由老師或父母給小孩一個有限的材料讓其發揮自己的人生，小孩的人生可能出乎預料的比父母還活得精采；也有可能作惡多端、鋃鐺入獄或者流浪街頭還來的悽慘。下列舉例人生已持續正向修行的行爲：

- 深知父母辛苦務農，從小努力念書名列前茅；
- 家裡開小吃店，從小幫忙擦桌椅收洗碗盤；
- 父母殘缺體弱多病，深受國家社福協助，立志就讀醫科救人；
- 出獄之後眞心悔改，安穩工作，規矩生活；
- 戒賭菸酒色貪，重新肩負照顧家庭妻小；

丁博認爲，不用決定是否要入佛道宗門修行，因爲我們早就在修行了。

—人生系統化—

維基百科對「系統」一詞的定義：泛指由一群有關聯的個體組成，根據某種規則運作，能完成個別元件不能單獨完成的工作的群體。個體或個別元件可能又是更多子個體組合而成，因此一個大系統乃由許多子系統組成，子系統由許多個體或子子系統組成，例如馬達由許多元件組合成一個電磁感應系統，馬達與電池系統及周邊元件合組成動力系統，動力系統與輪胎、車身機構、煞車控制與電子系統組合成爲最終的電動機車系統。

人體是一個生物系統、大自然是一個循環系統、社會是一個人本系統。人生也是一個系統，端看如何定義人生系統的範疇、輸入參數、多元性、系統屬性、穩定性、開放或封閉性、輸出結果等等。當人生看成是一個系統，我們就可以用科學、數學及管理技術來解析，這部分落在第二章節說明。人生無非是個很特殊的系統，因為因人而異的變數太多了，但共通性可以定義如下：

- 人生是有限時間系統：從出生到死亡；
- 人生是有限成本系統：養育子女、經營家庭與人生的資源；
- 人生是有限人力系統：父母兄弟姊妹及親朋好友數量；
- 人生是不穩定系統：人生各階段都會變化，例如生病、學習、七情六慾、老化、罹癌、結離婚、角色轉換、外力干擾、天災人禍、意外等等；
- 人生是開放性系統：人類社會必須群居互助，難以獨自深山生存。會加入親友與資訊進來系統而改變系統本質或影響系統輸出決策；
- 人生是專案管理系統：無法自主人生之前，專案管理者是父母，父母不見得是訓練有素的人生專案管理者。可以自主自己的人生時，專案管理者才是自己。專案管理者不是神，是有限智慧與資源管理能力的高等生物；

●人生是規律運作系統：受制於國家教育有就學生活。受限於社會文化認知有工作、結婚、儲蓄、孝順等階段性行爲；

若系統質變了便需要適性的因應輸出入做出改變，甚或增減系統範疇，以讓人生系統持續運作，俗話說：退一步海闊天空、看開想開一點、學習、積極等含意都是在維運人生系統所做的改變。也因爲我們是地球上最高等的生物，所以才能運作這麼複雜的人生系統，如果把智商只有65的外星人放在人類社會上恐怕是無法適應的，也許這就是外星人一直只能在天空中盤旋的原因。

如同前面小節所言，因爲有一大段無法自主人生的時間裡，我們都是在學習受教育與摸索人生階段，所以人生系統詭異的地方在於從頭到尾的人生營運，並不是一出生呱呱落地至成年懂事後持續由自己維運到結束終老，而每位成年人在所謂「懂事」的定義與時間點也因人而異。人生是可以系統化規劃的，就好像父母懷孕時就會開始想像與籌備養育小孩成長所需的一切，爲了提供小孩好的生活環境不得不孟母三遷與做出類似犧牲，只不過這些改變與考量，小孩無法參與規劃。有時連父母也無法自己選擇或學識力不足導致規劃不周，因爲父母本身或許也爲了孝順供養與親情寄託於自己的父母，不自覺也被侷限在父母提供的生活環境內。學識力高、有遠見的、有更多資源的父母當然就有能力可以不顧一切的爲小孩規劃長遠與完善，這個小孩人生系統的維運就會比較順利，當小孩長大可以獨當一面時，父母也較放心把後面的人生與資源交給小孩自己接續應用與管理。

—人生價值—

受到家庭背景與成長環境的影響，導致每個人的價值觀都不一樣。例如有的人從小家裡窮怕了，常常借錢或者有一餐沒一餐的小孩，深烙在心裡面的人生價值一定希望賺很多錢來改善自身與原生家庭環境。因爲苦過相信也比一般人來的堅毅刻苦耐勞，但也顯得在追求金錢的同時相對忽略情感上的寄託，人際與親情之間可能會顯得較爲無情。相對的，當父母親事業有成有能力給予小孩生活及物質上無虞的同時，因爲父母親極少的陪伴，小孩長大後對親友情間的陪伴有可能才是他夢寐以求的人生價值。從小沒有爸爸的單親女孩，對周遭的男生會有更多的依賴與親近遠勝於周遭的女性朋友；相對的，從小沒有媽媽的單親男孩對周遭的女性朋友會有更多盲目的追求，因爲情感寄託使然轉向渴望男歡女愛之間的情感。受到這些有缺陷的家庭成長背景影響，有時候會讓我們不自覺從事當下認爲是對的，但卻是自我盲目追求的人生價值。

在人生的每個階段也各有不同的價值考量，例如嬰幼兒的需求無非是在衣食無虞與安全成長，所以食物、養育陪伴與安全考量就是他們現階段最值得重視的。青少年時期則以讀書、玩樂與朋友爲主。接著隨著生理成熟上的變化，工作能力與男女朋友在大學時期及出社會後，顯得格外重視。當結婚有小孩後，家庭與小孩則成爲人父母最重要的一環，因此人類才能生生不息的繁衍。如果在上述某個階段有不一樣的價值考量與方向，則這個人過去的成長背景與環境有可能異於常人之處或確有難言之隱，例如恐婚、不生小孩、同性傾向等等。丁博建議人生價值無論任何階段都以健康、讀書、家庭、事業、防老，這四項漸進目標爲規劃重點，說明如下：

- 人生最重要的是健康，身心靈健康才是眞正的財富，沒有健康讀再多書賺再多錢也沒用。熬夜唸書做研究與工作是一件很蠢的行爲，把時間過分拿來玩樂從事網路線上遊戲更是極蠢無比。聰明人會用智力與習知專業來賺錢，只有學識力不足才會萬不得已犧牲身體健康來賺錢。沒有健康的身心靈也就無法顧好家庭，反而拖累家庭成員；
- 其次就是從小把書念好打好基礎，建立自己正確的邏輯分析觀念與專業能力。有了正確的邏輯分析觀念遇到任何人事物的問題才有能力解決；有了專業能力就可確保經濟能力無虞。有了健康的身心靈與經濟能力才有資格論及婚嫁，建立一個長期安穩健康的家庭；

●古話說的很對，「成家立業」，先成家後立業，一個人要成功擁有自己的事業必須先經過一段人生的淬煉，必須先建構好上述兩項，擁有健全的身心靈，正確的邏輯分析觀念與優越的專業技能，建立讓自己無後顧之憂的家庭後方能成大業賺大錢。俗話說的好，家和萬事興，一個家庭內成員吵吵鬧鬧，讀書工作與事業都不可能會好到哪裡去；

●最後，當人生走過半百後，便要開始爲夫妻安排老年後的生活，不是每個人都有無限的資源可以運用於老人生活，所以逐年撥款或穩定投資退休生活所需要的經濟需求後，其餘剩下的資金再規劃給後代子孫，千萬別將所有積蓄先贈與給子女，以免老年一無所有之後還要委曲自己跟子女伸手要生活費；

經營人生盡量將健康、讀書、家庭、事業、防老這五項順序按部就班完成，顛倒這順序這一生經營下來會格外辛苦，例如因爲就學期間初嘗禁果而懷孕，便決定自組家庭而必須中輟學業提前就業負責維持經濟來源。或者花了很多時間精神打拼事業卻一直沒有成立家庭，或者有了家庭卻失去了健康與享受子孫三代的福氣。這些人生價值的考量皆顯得顧此失彼，未來人生道路上容易會窒礙難行而徒留遺憾而已。

—人生因果—

因生果，果生因，指的是事出必有因，起心動念之時可能已經注定結局走向。人生不就是一連串的因果關係隨時互相牽引著。無論結局好壞，還是完全出乎意料之外，因果關係的認定方式是非常廣泛的。一個「果」有時來自於許多個「因」或前前「因」匯集而導致；一個因也有可能由多個結果凝結誘發，而需要以前果後因的角度來解套複雜事件問題。

例如無照駕駛導致的自摔車禍責任歸屬，我們都認爲是人爲疏失，直覺上沒有駕照就不應該上路，但是無照駕駛的起心動念又是來自於駕駛個性，個性又是受之於家庭教育的影響。所以父母責備小孩之前，何嘗不該反省小孩的言行舉止是自己從小到大教育出來的，所以未成年子女無照駕駛繳交罰款的是父母而不是小孩本人。例如天災，住在低窪地區的居民每逢颱風天就淹水，怪政府一直無法做好防水或者地下道水浚工程，但是每項工程技術都有其極限，若遇到瞬間的豪大雨導致的淹水情形是否還要怪政府，亦或者該怪自己沒有能力或者沒有思索著給予家庭一個更好的生活環境。例如嬰兒出生時夭折或者有缺陷，常常引來後續的醫療糾紛，當然醫生醫療品質有好壞之分，但整個從懷孕到生產如此複雜的過程中，是否孕婦過去的生活上有其鬆散、抽菸酗酒等不良習慣，夫妻基因上有否目前科技無法診斷出的缺陷導致也是有可能的。

人生中對於不好的結果會有很多遺憾，這些遺憾會持續成爲「因」，繼續影響著後面的「果」，有的遺憾是無法解決，有的是待能人來解開難解的果，有的根本就無解甚或不該花費時間精神與資源去解決的問題。個人的邏輯觀念影響著自己的動心起念，只有修身養性與讀書教育方能健全自己的邏輯觀念，進而善於深思熟慮以預防做出錯誤的決策。人生過程中不可能一帆風順，作對的事有可能在過程中產生偏移需要修正，當下不對的事也有可能將錯就錯產生另一番成就，拿捏方寸之間都要靠自己。如果遇到感情婚姻或事業上的問題，千萬不要太依賴命理師或宗教界片面或單一方向的解釋，因爲越複雜的問題牽扯到的因果關係可能不只一種以上，而且通常越需要加上「時間」這一元素配方。很多事時間一久，問題慢慢就自然而然解決了，例如大吵之後的夫妻更需要讓彼此冷靜一段時間後再當面心平氣和的討論問題的癥結點，而不是直接離婚收場。人生管理首重三思而後行，不該躁急行事。

—潛意識環境—

如果我們把小學學程拆分二期時間，頭一期讓學生讀書之餘，到附近農田務農並且了解收成後，得知盤商收購價、市場銷售價、國際貿易等商業行爲與務農成本之間的價差。小學學程第二期讀書之餘，如同虛擬聯合國一樣，分組科技業、工業、服務業、建築業或投資業等等，同樣了解行業營運內容與成本、利潤。丁博相信，經過小學學程第一期務農的苦難加上第二期行業的投報率震撼，可以讓小朋友深刻體悟讀書的重要性。在這裡不是說務農投報率不高，也是有許多科技農業生產高值的農作物，純粹是舉例一般種稻蔬果類靠天吃飯的農民。前面的例子在描述潛意識環境的重要性，我們可以對小朋友說很多農民很可憐要靠天吃飯、不讀書以後沒有前途之類的話，但不會比讓小朋友實際務農體驗來的有效。現今爲人父母都希望讓小孩過上好的物質生活，但物質生活上的拿捏與品德教育之間的比重似乎大多偏頗，例如父母親提供小孩可聯網的舊手機平板使用，讓小朋友從事線上遊戲與被迫吸收超過年齡層的網路情色與暴力資訊。

人生是專案管理系統，大腦是專案管理者用來學習、邏輯思考與決策的運作系統。人腦是有限的運作系統，意味著人腦有可能遭遇外部因素干擾或運作能力差，使得大腦無法受自己控制而有非預期的言行舉止。什麼情況之下我們的心思會被牽引而不自覺，例如習慣成自然的家居生活、整天圍繞在身邊的同學、新聞媒體、職業特性等等。例如髒亂的屋況是自己造成的，還是房屋有靈性會製造髒亂，繼而髒亂成爲了衛生習慣；品行不良的同學是自己靠過去與他當朋友，還是自己有什吸引力讓品行不良的朋友喜歡跟你在一起，會跟這樣的同學或朋友在一起又是怎樣的因緣巧合，亦或者只是自然而然的物以類聚，不跟這樣的朋友在一起會不會反而覺得不自在。個人的修身養性決定自己的格調與層次，層次高的人自覺性較高。相信沒有人天生願意喜歡住在髒亂的環境，但總是會有人在自身的生活環境下便是這種樣態，這無非是後天造成的，自己的大腦系統允許的。更何況我們身處在如社會環境、家庭環境、工作環境及校園環境之下，究竟被多少環境因素影響著我們的人生每況愈下而毫無自覺呢？

潛意識環境有視覺、嗅覺、聽覺、觸覺等感官元素，也有情感、居所、文化、宗教、與教育的影響。逃家的女孩爲何要離開家庭自力更生，有可能是不懂事、不知道惜福、被誘拐，或者是自覺這家庭的成員與環境不是她想要的，所以「自覺」在擺脫惡性循環的潛意識環境中是關鍵鑰匙。成長在宗教信仰較強烈的家庭下，受到宗教的牽引或羈絆的也不在少數，例如被父母要求與宗教人士性交解運的子女，明顯親子雙方的學識力都不高，無法判斷是非以至於讓有心人士可趁機作惡。例如民俗文化的風水論，房屋對面有壁刀、路沖、房間的床不能對著廁所等等，在現今的社會上也已經可以用心理學、生物學等科學的方式來驗證不好的環境風水中的確會潛意識不自覺的影響著身心靈。我們的大腦控制著身體，所以四肢會受我們的意念作動；我們的身體會影響著心靈，所以生病時，身體反饋大腦要大量休息；我們的心靈左右著環境，所以父母應該提供乾淨舒適的環境給小孩成長；而環境會影響著身心靈，所以髒亂的環境下，人的身心靈病症會特別多而不知其所以然，看到這裡，先停下腳步，想一下自己的生活環境是否滿意，是否可以更好，要怎樣改善吧！

—人生公式—

丁博是學理工的，喜歡用科學數據及模式分析來探討人生與解決問題，無法用玄學或魔術像阿拉丁神燈一樣給讀者三個願望。因爲有工程背景，認爲人生包含在大自然法則內，以及推廣管理技術在人生系統上，所以在本章開頭闡述了許多大自然原則下的人生基本元素之後，不才自訂了人生公式供讀者參考。丁博經過了六年研究所碩博士的訓練以及六年多的法人研究單位任職，推導人生公式的進程想必跟做研究一樣：先收集前人專家的資料，分析資料的優劣，再來提出個人的人生公式見解，接著套入範例驗證，最後論述其研究價值與後續可再持續精進深入發展的地方。但是開始四處搜尋資料後，感覺那些資料對於人生的公式沒有一個學理性的推導，有很多形容詞、很多片面短暫或模擬兩可的解讀，所以還是決定從頭開始自行定義推導，且盡量將量化數據趨近現實人生。若讀者有興趣探討，或是有比丁博更貼切的人生公式，歡迎隨時交流。推導如下：

●基因（G: Gene）：父母影響小孩人生最大變數。依基因好壞依序區分爲嚴重智障、嚴重殘障、輕微智障、嚴重叛逆、輕微殘障、輕微叛逆、些微缺陷、正常、聰穎、天才。些微缺陷以下，歸納爲人生債；

●文化與語言（CL: Culture and Language）：影響小孩人生第二大變數。依文明程度區分爲非洲、中東、南美洲、亞洲、澳洲、歐洲、美洲。每個區分內的國家之間若有過大的文明差異，可自行調整順序；

●家庭教育（FE: Family Education）：父母影響小孩人生第三大變數，其中也包含了家庭環境。區分孤兒、領養、隔代教養、親死單親、婚離單親、雙親、多親。多親指的是同時擁有祖父母與父母的教育，雖然有時祖父母的教育未必合宜，但親情關愛與協助總是多一分，我認爲是好的。婚離單親以下，歸納爲人生債；

- 國民義務教育（NE: National Education）：影響小孩人生第四大變數。以國家提供的國民義務教育爲標準。區分爲文盲、小學、國中、高中、大學、碩士、博士。以現今教育程度若僅高中以下，歸納爲人生債；
- 社會環境（SE: Social Environment）：國家提供給人民的基礎建設與成長環境。包含交通、衛福及社福、文明及科技資訊化程度。可區分爲戰爭、天災頻繁、低度開發、開發中、已開發、先進國家。低度開發以下，歸納爲人生債；
- 國家資源（NR: National Resources）：一個國家提供給每位人民的基本生活環境，國家資源爲文化與語言、國民義務教育與國家提供給百姓的社會環境$NR = CL + NE + SE$；對人生經營是正向資源NR^{+}，反之負面影響NR^{-}。本書定義$NR^{+} + NR^{-}$結果爲正整數，例如$NR^{+} + NR^{-} = 10$，若$NR^{+} = 3$，則$NR^{-} = 7$。意味著國家資源提供給人民的生存與教育環境過差甚至戰爭，則出生在此國家的人民要付出的人生債更多；
- 父母學識力（LAP: Learning and knowledge Abilities of Parents）：以父母親學歷爲主。區分爲文盲、小學、國中、高中、大學、碩士、博士。以上一代來說，高中以下，歸納爲人生債；

●家庭資源（FR: Family Resources）：包含祖先遺留下來與父母親的有用資源FR^+或負面的影響FR^-。FR = G + FE + LAP；

●個人學識力（LAPe: Learning and knowledge Abilities of Person）：區分文盲、小學、國中、高中、大學、碩士、博士。以現代來說，高中以下，歸納爲人生債$LAPe^-$。本書定義$LAPe^+ + LAPe^-$爲正整數；

●婚姻（M: Marriage）：指因建立婚姻關係而自另一方獲得M^+或付出M^-的資源。本書定義$M^+ + M^-$爲正整數；

●意外（A: Accident）：指遇到貴人、中樂透、非直系親人或朋友相助所得到的資源A^+；或者被詐騙、失敗的合夥生意、出車禍、重大驚嚇事件所損失的資源A^-等等。有時發生意外，可謂是人生開竅的契機，也有可能是更陷入困境的地步。本書定義A^+與A^-爲正整數；

●人生正向資源（HRL: Helpful Resources of Life）：人一生累積所有有助於人生正向經營的資源。$HRL = LAPe^+ * FR^+ * NR^+ + M^+ + A^+$；

●人生債（LD: Life Debt）：因上述有缺陷的人生變數，使得人生需要爲此付出的代價與心力。$LD = LAPe^- * FR^- * NR^- + M^- + A^-$；

●人生資源（LR: Life Resources）：LR = HRL − LD；人生在每個時期進行過程中，人生資源都會有所增減。故加上時間變數，人生資源爲LR（t）= HRL（t）−LD（t）；

人生資源重點說明如下：

●FR與NR在小孩出生時（t = 0）幾乎已確定資源的質量，故可視爲常數。其他可影響人生巨大改變的只剩下LAPe、M、A，其中M與A鮮少有巨變，由於姻緣好壞受到FR與LAPe影響，例如很難娶到少奮鬥二十年的老婆，或者中樂透；

●人生可以掌握的資源越豐富，離成功與幸福越容易。但不表示擁有豐富的資源，人生便一定會成功與幸福。例如富二代開著超跑自撞電線桿而病殘死；

●LAPe ＊ FR ＊ NR—此式使用三個變數相乘，代表三個變數好壞都相互具有加乘作用，尤其是個人學識力的重要性。成長在先進的國家及豐富資源的家庭之下，個人的學識力好壞，相對決定可掌握的人生資源是事半功倍或事倍功半。另外例如獲得美國綠卡則是許多貧困國家的人民夢寐以求的事，因爲其NR非常豐富；

●人生資源LR如果爲正，表示人生在某個時間點經營下來有累積資源；

●人生債LD若過於龐大，只有提升個人學識力LAPe有機會改變人生的桎梏，因爲國家不會特別專注於某個人提供更多的資源，而家庭資源與父母能力勢必極度有限。例如極少數生長在落後國家及貧窮家庭的人，仍能夠靠自己努力提升學識力而改變一生；

●人生債LD不只包含了財務負債，還有情感債與信仰債，而情感債與信仰債往往跟隨著個人學識力LAPe高低而需索無度。相同的，家庭資源的低下也代表著追求親情價值的目標強烈度不高；

人生無疑就是掌握、增加與堅守住人生資源。積極的人，窮極一生的努力讀書賺錢、經營事業、自組家庭、養兒育女、操心勞累、解決原生家庭的問題，累積更多資源且善用資源；懶惰的人，浪費、敗光、捨棄、辜負了國家與父母給予的人生資源。

人生目標（LG: Life Goal）指在於有限的時間與資源下，設立欲達到個人定義的「人生價值」。成功的定義是因人而異的，是以人爲本的，丁博建議每個人對成功人生的定義包含著健康H、親情FL、事業B。亦卽LG ＝ H + FL + B。富可敵國不是好的人生目標，因爲可能會失去了健康與親情，顧此失彼。在這裡「幸福」沒有被帶進來，幸福僅是一種瞬間的感覺良好，如同快樂與滿足，較難成爲常態與量化。

●健康（H: Health）：指身心靈的健全。隨著歲月的流逝、人生經歷的起伏、人生資源的追求、償還人生債，身心靈將由年輕健康逐漸轉化爲老病殘，最終死亡；

●親情（FL: Family Love）：這裡以家庭親人間的情感爲主，當然也可擴大包含愛情、友情、同情。夫妻之間、養父母與繼子女都是沒有血緣關係的親人，所以親情的認定著重在長期相處相互照顧而有情感寄託的累積；

●事業（B: Business）：可茲計價的標的，包含專業、財富、權力、名聲、美貌身材、專利、著作等；

綜上論述，丁博定義了人生資源LR，也清楚了人生目標LG是什麼，接著合併導出最終的人生公式（LF: Life Formula）：HRL（t）–LD（t）= H + FL + B，其中t = 0 ~∞，重點描述如下：

●其中t = 0 ~ ∞。∞符號（無限大或永恆）表示丁博的一個私心，因爲人生而修行的概念，丁博對每一個人的人生，無論是大惡大善結局如何，都懷抱著尊敬與不捨，故以∞表示，不以死亡D或終點E的代號來結束人生，另外有可能是微積分學太多了，說不定後面文章會有人生版電子電路圖說解；

●在時間t = 0 ~ ∞之間，人生公式可切割成各時期探討，如同人生系統化之下，再切割成每一個小系統，例如求學期、就業期、家庭經營期、養老期等等，可更精準的規劃人生目標與執行，且每一個時期會有不同的人生資源增減與人生目標變化，套用人生公式與分期，更容易論述本書第二章—人生管理；

●人生公式內因某種因素或考量，未有實現的進程與目標，例如結婚成立家庭，則彼此之間相對的資源將挪至其他目標。如同在男女事業蓬勃發展分身乏術，少部分忽視婚姻與精神寄託，尤其是現代辛苦的婦女們須同時兼顧家庭子女與事業；

●H＋FL＋B人生目標項沒有時間函式，因爲在本書中，丁博認爲人生各時期目標都不一樣。人生未到終點時，尚無法盤點最終成功人生的價值多少？但可以確定的是在人生的某個時期或年紀，例如60歲時，身體狀況如何？財富累積多少？以及家庭精神上的寄託程度？都是可以量化的。從吸引力法則的概念下來看，任何一個時間點達成的人生目標都是自己定義與努力堅持而來的；

●當人生債過大於人生資源，或者人生目標過於貪婪時，容易使人做出違背善良風俗及法律道德規範。相反的，當人生資源過大於人生債，或者人生目標過低，容易使人生活及意志懶惰糜爛進而滿足於現狀；

●人生公式中，沒有無限的人生資源，也不可能毫無人生債；

第二章 人生管理

何謂「理」字，網路辭典：指物質本身的紋路層次，客觀事物本身的次序與規律。丁博覺得「理」字就是表示大自然的規律，用在人生就可衍伸出道理、眞理、天理、倫理、義理等不同含意。在不同的人事時地物所產生的情境，合理的言行舉止與決策沒人能說得準，因爲背後的變數太多元。

何謂「管理」，丁博認爲：「管理」是人類與生俱來的能力，能夠將大自然的規律作一深入應用與分析、分文別類、系統化、化繁爲簡、化整爲零，以解決人類永續生存問題並促進文明進步。人類文明進步也就是因爲太著重在科技的發達與產業競爭，因而背棄了大自然法則，對大自然生態與多元生物過度的破壞滅絕，溫室效應就是其中一個國際上根本無法逆轉的難題，除非世界各國願意降低文明與進步。經由人類文明與科學的進步，「管理」已然成爲一門基礎學科，並多元應用在人類社會，有工廠管理、情緒管理、教育管理、國家治理等等，很可惜，就是沒有人生管理。

以系統思維來看，小至細胞分裂，大至人類大腦經由五官吸收資訊後做出反應。我

們隨時都在管理與被管理，只是管理手段視管理目的爲何，例如十年抗戰、停紅綠燈、一日遊規劃、五分鐘戰鬥澡、猴子族群、某生物以二十分鐘完成一個世代交替、婆媳關係等等。管理套用在企業，則專注在一定的組織或企業內，根據一定的決策規章進行協調活動，以達到某個明確營利的目標，此目標無非爲獲得股東權益最大化。管理套用在人生上，如同第一章所言，獲得自身定義之成功的人生價值目標。所以經營人生一定要學管理，而且每個人都該學管理，丁博建議管理學應融入各個國民義務教育學程內，而且最好是從國小一年級開始接受管理科學學程，如同國文與數學，相信有助於學童從小培養獨立思考與自我管理的能力，而不是一直處在被教育、被動及被督促的角色之下。

人一生須具備的完善教育從管理科學的角度上來看，管理小孩的是父母，被管理的是小孩，而管理小孩的父母沒受過科學化的管理學程，所以爺爺奶奶從小怎麼教父母的，父母便耳濡目染納進個人的潛意識教育管理模式，父母長大之後結合自己的學識便直接上家庭教育戰場。因爲父母本身就不具備專業及實務經驗來教育小孩，何以見得知道如何把小孩教得可以很有成就？很會讀書？爲人處事無懈可擊？人生一帆風順？更何況，父母過去的生長環境，說不定連三餐溫飽都有問題了，自己的書都沒念好了，哪來精神、能力與資源培育下一代。從人生因果關係來看，要怪父母沒有給自己一個很好的成長環境，父母還得怪父母啊！父母無罪只是無能而已。埋怨原生家庭可以抒發心情，但是內心有著疙瘩還是無法完全釋懷，能釋懷的方法終究還是得靠自己與過去和解。

—管理科學—

維基百科上對「管理科學」的定義如下：管理學是一門研究人類社會管理活動中各種現象及規律的學科，是在近代社會化大量生產條件下和自然科學與社會科學日益發展的基礎上形成的。而管理活動自有人群出現便有之，與此同時管理思想也就逐步產生。丁博認爲「管理科學」的定義應該還可以再更寬廣些，而不是一談到管理科學，心思便容易導到企業管理方向。普遍學子認知都會覺得先具備理工學科基礎的人，再學習管理會更容易；相反則會覺得艱難。這一論點丁博在博士班當年度畢業後，同時考取國立大學企管碩士在職專班與在法人單位考取國際專案管理師證照（PMP: Project Management Professional）之後，認爲此論點差矣。管理科學是一門非常高深的學問，因爲學到管理知識，讓丁博遺憾博士畢業之前的歲月磋跎，也讓丁博在博士班畢業後的人生經營突飛猛進。在大學商學院，管理學是門三個學分的科目，在此難以詳細解說，建議有興趣的讀者至圖書館借書來看，並建議將其所學應用在生活上。在這裡，將簡要說明專案管理邏輯與人生的關聯性。

「專案」的意義有其多元的限制性、獨特的產出、結果與目標，具有價值評估、使命必達與目標導向三種特性，較容易被系統性規範與量化，比較適合應用在人生的規劃分析與執行，當然人生變數太多，使命必達未免強人所難，但有分析規劃過總比懵懵懂懂毫無目標警覺過日子來的好。丁博認爲，一個高階的專案管理者對專案管理的心態是以服務爲目的，而不是以控制手段爲核心。與專案屬性相反的管理概念爲一般例行性的、周而復始的循環、低度變動性的工作、產出結果與目標幾乎99%可預期的。舉凡懷孕周期、企業組織改造、工廠導入自動化、推動長照保險、生涯規劃等都可以利用專案管理技術與概念來完成。有興趣深入學習專案管理的讀者，也可至圖書館借閱，在這裡簡述專案管理五大流程如下：

- 起始：釐清關鍵利害關係人及制定專案章程，章程內容包含成立原由及達成目標等等；
- 規劃：蒐集達成專案目標所需資訊，進而彙總相關資訊以制定專案範疇及所需資源，最後規劃工作分解結構（WBS, Work Breakdown Structure），WBS包含了採購項目、人力資源、工作期程、內外溝通、品質程度、定性與定量的風險分析等等，完成一份專案管理計畫書，以利專案執行人員遵循與專案經理查核工作進度；

- 執行：獲得、發展及管理專案團隊。採購專案所需軟硬體。專案經理需定期發布專案進度與品質資訊與相關人員了解，尤其是此專案的利害關係人；
- 結束：專案文件歸檔、人員編制回歸、檢討專案優缺、財務行政申報及軟硬體設備有效安置；
- 監控：執行整合及變更控制，包含人員、採購、品質、時間等變更。驗證及控制是否超出專案既定範疇、控制時間及成本、品質管制、報告績效、監控風險、管理採購等等；

專案管理九大知識領域描述如下：

- 整合：整合工作是唯一橫跨五大工作流程。在起始階段發展制定專案章程；在規劃階段發展制定專案管理計畫書；在執行階段協助各項進度無縫接軌；在監控階段調整細部變更以利專案持續順利進行；在結束階段分派各項人事物等資源歸建，並檢討專案最終品質與執行結果；
- 範疇：收集專案需求、定義專案範疇、建立WBS。在監控階段即驗證及控制範疇；
- 時間：在規劃階段定義及排序工作期程，估算期程所需資源。在監控階段確保工作期程符合既定時程；

- 成本：在規劃階段估算成本以決定預算。在監控階段隨時注意成本是否符合預期；
- 品質：規劃階段定義欲達成的專案品質。執行階段確保階段性品質無誤。監控階段則執行品質驗證管制；
- 人資：盤點專案所需人力，公司跨部門內部挪用或者另聘，規劃人力資源計劃書。在執行階段確保已取得與可發展好管理專案團隊；
- 溝通：在起始階段需要辨識利害關係人，溝通協調達成專案章程內容；在規劃階段與專案相關人等討論釐清細節內容，並就遭遇問題達成解決共識；在執行階段發布專案進度資訊，並與相關利害關係人溝通確認是否滿足期望；在監控階段請各專案成員回報階段性執行績效，並匯總階段性績效成果回報予利害關係人；
- 風險：規劃風險管理，進行定量與定性風險分析，預測辨識專案執行過程可能遇到的風險與擬定對應方式；
- 採購：在規劃階段規劃應採購的軟硬體；執行階段採買；在監控階段確保採購項目無虞，採購流程合法；於結束階段完成所有採購作業並合理歸建分發本專案軟硬體資源；

專案管理重點觀念描述如下：

- 一個專案從起始至結束都該被專案經理全程監控；
- 在專案起始階段若經分析後專案失敗率太高，則寧願不執行，因爲執行過程所花的時間、精神及成本可能最終完全白費，並且使得專案成員對專案經理及公司高層失望；
- 一個沒有權力的專案經理，專案一開始便注定失敗；
- 沒有專案沒微調過，但專案執行到一半需大改變，則情願全部打掉重做或取消；
- 專案經理在規劃專案資源時，一定會預留資源與彈性以作爲意外事件發生時的不時之需；
- 一個專案經理在整個專案過程中有百分之九十以上的時間花在溝通；
- 九大知識領域內的技術與觀念可套用至五大流程實施內容，但非一體適用；
- 人資、時間及成本是最重要的專案管理資源；
- 專案執行成果過與不及都是失敗的專案。例如達成一百二十分的專案表示當初規劃與預期目標是有過失的；
- 專案品質必須被量化與質化，過度被量化的專案容易忽略長遠及無形的價值；

其他更深入的專案管理觀念請讀者參考專案管理叢書；

專案管理工具有以下幾種：

- 甘特圖（Gantt Chart）：條狀圖展示，表示專案進度從起始到結束期程間的關聯性，是專案計畫最常用到的管理工具；
- 關鍵路徑法（CPM, Critical Path Method）：爲了以最有效率或效益來獲取階段性里程碑的最大價值，所使一種單一或確定的估算作業時間之算術方法。其程序爲列出完成專案的所有活動與里程碑→設定每個活動與里程碑需要完成的時間與資源→建立每個活動與里程碑的關聯性；
- 計畫評核術（PERT, Program Evaluation and Review Technique）：與CPM類似，但以使用機率性估算作業時間之算術方法；
- 可行性分析（Feasibility Analysis）：評量可行性的一種分析過程，了解專案成功執行的機率在專案起始及規劃階段占有舉足輕重的角色；
- 魚骨圖（Fishbone Diagram）：又稱關鍵要因圖，用圖解方式來區分專案大小系統或分部之間的關係，並細分小系統或分部內的關鍵因子；
- 不良模式分析（FMEA, Failure Mode and Effects Analysis）：指在對專案內某個技術或

者服務瓶頸影響做一嚴重程度分類，並依序定義解決方式及歸檔，確保不再犯；

●強弱危機分析（SWOT, Strength、Weakness、Opportunity、Threat）：針對某一發展目標所進行的優劣分析。常用在專案起始階段判斷專案是否應該成立；

●自訂自創：依照專案的獨特性或缺乏經驗參照所自設或引用的評估方式；

●軟體工具：MS Project或Office、Team+、Projectclub、Asana等等；

丁博認爲個人學識力上，專案管理PM學能應占15%以上、專業（P: Profession）占60%以上，個性、爲人處事及倫理品德修養（C: Character）占20%以上，意即LAPe = PM + P + C，若有的人專業領域爲管理，則另外60%的所謂專業即是將所學管理融會貫通至某個產業的相關經驗與知識，僅供讀者參考。學習專案管理在人生的經營上，旨在訓練個人人生的規劃能力、遇到問題時剝洋蔥的能力，以及提出最佳解的能力。舉例來說，在夫妻雙方意氣用事發生爭吵時，最快解是離婚，因爲一勞永逸不再有機會爭吵；但最佳解絕對是避開當下爭吵及情緒失衡情境，冷靜一段時間反省後，雙方再來平心靜氣地討論爭議，否則盲目離婚則失去的是過去所花費的時間、精神、成本、感情，當然還有愛人以及子女未來的相處機會與日漸淡薄的愛情與親情，因爲人生資源多，快速說離就離婚的人很多都是事業有成就的男女。

另外提供讀者一個進階人生專案管理能力的概念—系統思考（Systems Thinking），可至圖書館借有關「第五項修練」的書來看。人生是一個系統，人生專案管理本身就是在管理一個系統是否順利的運作。所以學習系統思考邏輯來經營管理人生再適合不過了。系統思考叢書中對「系統」的解釋爲：是由一組彼此相互關聯、交互影響和依賴的元件所構成的複雜整體。而系統思考是一種對系統概括和表面性的認知，是一項看清複雜狀況背後的結構，以及分辨高低槓桿解差異所在的一種修練。系統思考就是見樹又見林，可以看見人生問題全貌的思考能力。五項修練在企業組織上的概念依序簡述如下：

- 自我超越：五項修練的精神基礎，學習如何擴展個人能力，創造出想要的結果，並塑造組織環境，鼓勵成員實現自己選擇的目標與願景。套用在人生專案管理，即是持續正向思考，積極累積個人學識力，從改變自己開始繼而改變周圍人事物；
- 改善心智模式：持續不斷的釐清，反省及改進內在世界的圖像，並探討內在圖像如何影響我們的決策與行動。套用在人生專案管理，即是堅定人生目標價值，持續提升內在素養，修正劣根性，將人生經營過程如倒吃甘蔗一般越趨順手；
- 建立共同願景：爲組織學習凝聚焦點與能量，重塑我們的使命與價值觀，發展共同願景並激起承諾與奉獻的精神。套用在人生專案管理，即是以家庭爲組織學習單位，改善家庭老舊觀念與陋習，建立正向的共同生活目標，加速加成幸福家庭的人生價值；

●團隊學習：轉換對話與集體思考的技巧，讓群體發展出超乎個人的偉大智慧與能力。套用在人生專案管理，卽是以自己學識力的提升而改變現狀成果爲說服力，促使家庭成員願意服從，共同努力學習改善自己，整體提升家庭學識力與資源；

●系統思考：五項修練的核心，以系統的觀念了解行爲間相互關係，並探尋問題的根源及尋找高槓桿解。套用在人生專案管理，卽是在促進自己與家庭成員具備目標共識與提升學識力之過程中，解決可能出現的分歧與既有的複雜性問題；

第五項修練中針對組織中常存的「七個盲點」，我們將組織視爲家庭來說明與人生專案管理的關係：

●本位主義：家庭成員對彼此厭惡，認爲自己才是對的，缺乏夫妻與親子溝通意願；

●歸罪別人：覺得差勁的家庭經濟與生活環境都是對方造成的；

●缺乏整體思考的行動：沒有共識與意願改變家庭經濟與生活環境，各過各的生活；

●專注於個別事件：無事出事、小事化大，自我保護行爲強烈。遇到問題以見林不見樹的觀念與方式解決，沒有根治問題的核心，以至於相同的個別事件一再發生，繼而內心長期疲乏；

- 對緩慢而來的致命威脅視而不見：故意視而不見每況愈下的家庭經濟與氣氛，忽略團隊的力量，長期累積孤獨煩悶的情緒而不知所以然，落入惡性的無窮迴圈；
- 經驗學習的侷限性：惡劣的家庭環境，整體家庭成員的學識力不足，也無求助外力支援的意願；
- 高估管理團隊的效率：家庭成員以點、線的視野，滿足既有的家庭環境，無知也無法以面、體的視野尋求改善與進步，有一大部分的人採取消極放棄的心態；

七個盲點普遍導致惡性循環性質的十大系統基模：包含反應遲緩的調節環路、成長上限、捨本逐末、目標侵蝕、惡性競爭、富者愈富、共同的悲劇、飲酖止渴、成長與投資不足、意外的敵人。了解十大系統基模有助於看清自己是否處在負面或惡性的人生循環，繼而利用專案管理觀念來逆轉困境，有興趣的讀者請自行深入參考，但切記，惡性循環的十大系統基模是以企業組織爲討論範疇，讀者應活用在人生專案管理上。失敗的人生專案絕對是系統性問題，系統性問題是最棘手的，例如「脫貧」就不是一朝一夕可以解決的問題，如何應用管理科學與系統思考來解決屬於人生的相關系統性問題，丁博放在本書第四章節—人生永續。從黃金定律80／20法則來看，人生只要有勇氣面對主要20%人生逆境的關鍵因素，就可以解決人生80%的問題。期盼學習管理科學可提升讀者在人生專案管理解決問題的能力。學習管理可以讓我們以認眞負責的態度來面對人生各個階段。

—嬰幼兒期—

自從媽媽知道自己懷孕開始，「人」就開始被管理，這個「人」當然必須具備心臟跳動能力。因爲重視這個「人」，所以母親會開始調養自身體質、改掉不良習慣、學習育兒知識、準備育兒工具、尤其是轉變心態成爲父母，其實上述這些就是管理行爲。只不過管理「人」的行爲能力因父母親的學識力、對「人」的重視程度、可提供「人」的養育資源皆不同。

從專案管理的角度來看，準備懷孕便是父母爲小孩建立一個人生專案系統的起始規劃階段，懷孕則是已落實執行過程，此專案同時也是父母親在婚姻階段中的一個子專案。沒有經過預先設想規劃的懷孕，在錯的時間點做錯的事，表示男女雙方的學識力是有問題的，更毋論能提供的家庭資源多寡，以至於大部分未成年學生都會以墮胎收場。

俗話說：「三歲定終身」，雖有點誇張但其實不無道理，嬰兒一出生，五官及體感便立刻感受大自然基本的生活環境，進一步的體驗父母家庭給予的人文、情感寄託以及生存滿足程度。嬰兒大腦在發育過程同時也是全方位的學習，只是學習內容是無形中吸收的，親人給予滿滿的愛與照顧，深藏在大腦的便是滿滿的安全感，此時的健康H與親情FL幾乎是滿分。學識力高的父母懂得在懷孕時便開始著手了解育兒知識，盡其現有資源的滿足嬰兒基本需求，甚至早已實施胎教。俗話說：「老大照書養、老二照豬養」，因為第一次懷孕所以特別重視，因為第二次懷孕所以自認經驗充足，殊不知第二位嬰兒的待遇跟第一位嬰兒是不一樣的，因為在有限的家庭資源下，父母給予小孩的精神、時間與金錢須分散開來，老二與老大在同一個時間週期，對親情關愛感受度是不一樣的，以至於老二長大後個性普遍比較叛逆與頑皮。現代人生由於父母雙薪，雖然經濟有餘，但是時間與精神卻分身乏術，這也是造成少子化的另一種影響層面。所幸國家資源NR提供了育嬰假及育兒補助，讓辛苦的婦女能夠將國家資源NR轉變為更好的家庭資源FR，這也舉證說為何國家資源要與個人學識力、家庭資源之間相乘的原因LAPe * FR * NR。

現代男女談戀愛有許多嘗試住在一起，互相了解生活習慣與容忍度，以避免婚後發現有無法承受的言行舉止，但還是有一些挑戰與觀察是同居與試婚無法試煉的，例如經濟壓力、懷孕期情緒與關係的變化、育兒期對教養認知的差異、更年期身心情緒偏差等等。家中多了個家庭成員，其實對婚姻是一種考驗，學識力不高的夫妻很容易因爲有了嬰兒之後夫妻關係出現了變化，例如睡眠品質、性慾配合、婆媳育兒觀念、精神時間分配、工作經濟等等，權衡之間必須小心謹慎。丁博建議以下育嬰時期的作法：

- 經濟優於育兒：家庭經濟優於照顧小孩，無論薪水多寡，千萬別辭去工作來照顧小孩，尤其是女性。這如同執行一個專案需要在資源與品質之間取捨，但沒有資源毋論品質了。更何況長期專心照顧小孩的父親或母親會與社會脫鉤。有份工作代表著一個人的自我價值肯定，一個學識力不高也不是專業育嬰的人，很容易在育嬰與經濟能力雙層匱乏的壓力下導致罹患精神疾病或者誘發免疫力失調症狀。相同的邏輯，很多富有的丈夫讓妻子專心管理家務，使得妻子在漫長的歲月下缺乏工作能力與人生目標，喪失自我價值肯定，反而是容易罹患慢性病與誘發精神疾病的高風險群，跟老人退休後無所事事容易暴躁憂鬱是一樣的道理；
- 別吝於求助：別不好意思讓親友分擔短時間的育嬰，短暫的離開小孩身邊可讓夫妻雙方喘口氣，尤其是嬰兒滿周歲前。從專案管理的角度來看，表示多尋求其他可資利用的資源來執行育嬰專案是合理的；
- 關鍵時期互相體諒：夫妻雙薪工作身心都累，回家晚上還要照顧嬰兒，性生活不協調時丈夫要多體諒。意思是執行專案的成員不是十項全能，也是有缺點與極限，如何將人資作有效運用需要好好溝通與規劃並互相體諒；

- 隔代教養的認知問題：小心隔代教養的教育方式與生活習慣之間的落差太大。協助育嬰不是委託爺爺奶奶全權處理嬰兒大小事，生活規矩與教育還是應該由父母來指導，爺爺奶奶千萬不要跳進去指導嬰兒生活作息與品性教養，免得吃力不討好。專案管理邏輯上，認知問題建議主動提早溝通讓雙方確認，而不是遇到問題再來爭吵氣憤與修正。相對的，爺爺奶奶是出於愛子如愛孫的心態下去照顧孫子，即使父母有給長輩額外的照護費用，對長輩仍不可以以聘僱的心態對待；
- 提供英語母語化的學習環境：不管父母學識力好壞，建議要提供小孩即便在嬰兒時期便擁有英文母語環境。三歲定終身，育嬰時期要多陪伴小孩說故事、學習及言語互動。育嬰時的文化語言及家庭教育影響小孩未來的學識力能力最深遠；
- 觀察注重小孩的言行：嬰兒一時的哭鬧是某個需求所致，每次用哭鬧方式都可以獲得同樣的需求時便是已經養成習慣，只要哭鬧就有糖吃，恐怕就是父母過於溺愛。養育小孩時，父母對小孩行爲的偏差要有敏感度，並且要即時溝通與導正；
- 關心老婆的精神狀態：育嬰期間，對男人的品德與風度其實是一大考驗，男方要多體諒與協助女方身爲新手母親的心態轉變與壓力。在專案管理的角度上，男方應如同專案經理一樣敏感，觀察母親這位專案成員的情緒變化是否有異常，隨時關心與配合，在育嬰這件事，嬰兒是母親的最大利害關係人，而老婆是丈夫的最大利害關係人，丈夫在老婆懷孕及育嬰期間，若言行舉止不慎或者關心協助不足，則容易導致老婆罹患產前或產後的精神疾病，或者成爲以後老婆長期抱怨丈夫的心結；

- 女人自我調節的重要性：世上最精緻的生物是女人，最偉大的角色是母親；女人可以孕育生命，母親則是全心全意保護孩子長大。女人有世上最好的新陳代謝工具—月經，所以女人的抗壓能力、容忍度及智商，丁博認爲都比男人高些，這不是奉承是事實，例如丁博的愛妻（我好像很懂得生存之道）。母親在懷孕及育嬰階段是身心靈變化最激烈的時期，一定要冷靜、冷靜、冷靜處理這兩段期間內所遇到的問題；

—基礎學識期—

父母其實不是最了解小孩程度與能力的人，只有教育專家能夠利用各種科學化的評估方式來認定小孩的潛在能力、性向嗜好與智商高低，但大部分父母不會給小孩做這種評估。小孩的任性、無賴與懶惰等劣根性，讓父母以爲小孩不是讀書的料，而小孩這些劣根性卻是父母放任出來的，父母對小孩的教育心態與注重程度早已注定小孩的讀書能力優劣。相對的，學識力高的父母會察覺到小孩的潛能與特質在哪，並引導強化之。

自由派父母的認知，會讓小孩自由發展，喜歡讀書當然好，但不喜歡讀書就早點學一技之長，不勉強。這無非是錯誤的觀念，一技之長本來就是讀書過程中最後建立的專業能力，沒有在國小國中高中階段建立一個良好的基礎科學底子，則後續一技之長的專技教育訓練則顯得事倍功半，這樣的結果普遍導致許多大學生拿到大學文憑之後，一則無法再繼續升學，一則出社會找不到工作或工作後被老闆嫌棄而失去自信，這因果關係，父母要負最大的責任。

嚴謹派的父母，普遍都是高知識份子，處處限制小孩的言行舉止或者過度保護，實際上雖然是爲小孩好，但容易造成小孩抗拒父母的教育方式，導致親子關係很緊繃，這大部分都是溝通有問題，或者父母要求小孩做的事父母本身也無法辦到，這樣的結果導致很多很會讀書的小孩缺乏親情的寄託容易走上絕路，或者獲得自由人生隨即走樣，長大後親子關係很差等負面結果，這種家庭教育的管理行爲比較像是控制模式。

智慧派父母的管理行爲比較像是服務模式，做足了小孩教育的事前準備工作，把自己變成教育專家，有計畫的安排小孩的生活作息，陪小孩讀書，鼓勵小孩自信創作，提升小孩自我判斷及決策能力，該限制則限制，該自由則自由，溝通代替責罵，鼓勵代替懲罰，其實陪伴與關心是最好的教育方式，親子關係健康，未來子孫的家庭關係才會健康。

在專案管理的概念中，沒有老闆會提供無限的專案資源讓專案經理來執行規劃，因爲在無限的資源提供之下，每個專案成功率都是百分之百，那麼任何阿貓阿狗都可以擔任專案經理的角色，然後公司最後因爲專案的投資報酬率太低就倒了，過度的資源提供其實也代表了專案管理概念中缺乏成本與風險管理概念。家庭資源是有限的，但如何做最佳的運用，端視於父母的學識力。頃盡所有的家庭資源予小孩身上不是很聰明的事，例如父母省吃儉用提供小孩出國留學買房定居，沒有留用退休金養老，老了才在訴諸法律控告兒女棄養。丁博覺得有三種職業的父母是可以極大化小孩努力讀書的專家：

●醫生：專業的讀書人，除了基因遺傳與職業優越性，也懂得指導小孩讀書技巧；

●老師：專業的教書人，耐心與細心，完全掌握子女的學習過程；

●農夫與工人：專業的甘苦人，靠天吃飯，低投報率與疲累的程度足以嚇壞小孩，拚了命的讀書只爲了不想跟父母從事一樣的職業。但從事農夫與工人職業的父母學識力本質較低，幾乎都是小孩自我提升學識力上來的，畢竟在人生因果的道路上，只有少數的人辦的到。這也可以歸於第一章最後一節人生公式所謂「意外A」情況而加分個人的人生資源；

成年人看待學生常有的感覺就是：當學生是最幸福的。一方面是學生的生活環境比較單純，不像成年人的情感及工作環境複雜；一方面學習是學生的本分，對年輕時沒有把學識力培養好的成年人是一種遺憾，這些遺憾反映在人生債內。丁博認爲把書念好的重要性有以下觀點：

❶學生的責任：父母的責任是賺錢養家糊口，學生的責任就是學習。從小就能夠把讀書這件工作做好便是養成一種負責任的態度，這種態度一旦養成習慣在未來爲人處事上都一體適用；

❷基本的國民素養：把書念好，具備優秀的國民素質，爲社會貢獻心力；

❸經濟能力證明：我們現處在科技文明社會，讀書習得專業，具備專業能力便具備存活在社會上的基礎經濟能力。而且隨著網際網路及自動化工程突飛猛進，工廠線上工作員的工作機會將越來越稀少，勢必被人工智慧（AI: Artificial Intelligence）機械設備取而代之；

●個人擇偶條件與能力：個性、自信、品德、專業與財富等等背景，皆與讀書能力有關。皆會影響另一半是否看得上對方，願意與彼此共同經營家庭與婚姻；

●健康與工作環境：書讀的好不但影響薪資，當然也影響工作環境，而且薪資與工作環境成正比。書讀越好學歷越高則薪資越高，工作環境越優、與職業病有關的健康影響越低。而且大部分的配偶都是在學校、工作環境及親友介紹下認識交往的；

●子女教養成本：學識力好的父母，自然而然可以提供小孩英文母語環境，也較重視要求子女用功讀書，可以省卻許多補習費、私立學校費用；

●人際關係與事業：把書讀好，自然進到好學校，擁有程度高的同學一起學習，出社會一起工作的同事程度也不相上下，未來在事業上可以有能力互相幫忙提攜；

●善用資源與解決問題的能力：祖先與父母親的家庭資源運用能力取決於個人的學識力。學識力好的人可以倍數成長家族事業與家庭財富，學識力低的人則敗光家產、作奸犯科讓父母顏面無光。遇到複雜的家庭或情感問題時，學識力高的人也較能夠冷靜清楚的釐清及解決問題；

●學識力爲累積智慧的基石：丁博認爲「聰明是天生的，智慧是後天的」；「IQ是天生的，EQ是後天的」。再聰明的小孩也需要努力，需要家庭父母與學校社會的引導，方能成爲對社會有幫助的人。爲人處世遵守社會善良風俗與規範比累積更多財富重要。學識力與智慧是不一樣的，不乏有很多書讀的很好很高的公務員、教授與商人被詐騙、外遇及貪污；

綜合以上把書念好的重要性，不難看出個人學識力與人生公式關聯性最強，橫跨人生資源LR與人生目標LG，影響婚姻M家庭甚巨，尤其是人生目標中的事業B、健康H、親情FL，畢竟人生專案管理終究是操之在己，不是親朋好友與上帝。

無論是國中會考或是高中學測與指考，在同分排序或加權上都是以國文科目優先考量，原因無他，國文能力代表著一個人的素養、邏輯、觀念、溝通與理解能力等等，也是生活在台灣社會一個非常基本的能力。一個英數很強但國文科目很爛的專業人士，在社會及工作環境生活非常危險，因爲其道德與修養能力恐怕有很大的疑竇，容易擦槍走火犯法或違背人倫規範。

隨著時代的進步，台灣國民義務教育從國小提升到了高中十二年國教，眞心期盼未來能夠提升到大學學程。在貧窮戰爭等落後的國家，受教是一種奢侈或者是有錢人家的福利。台灣政府近年快速提升基本薪資、育兒補貼、改善勞保破產危機、補貼中低收入戶學雜費及長照保險的推動，再再顯示台灣是一個民主進步的國家，在人生公式中以國家資源之力提供百姓安居樂業不餘遺力，實爲全民之福。

還是要再強調一次，英文科目是需要長年培養的，而且越早越好。在國小至高中求學的各個時期，如同因果關係一樣，每一個基礎學識的培養成果都會影響下一階段的學習能力與自信，最後漸漸的區分出所有學子的學識力層次，另一個隱含的意義也代表著未來身爲家庭教育下父母學識力的影響。在某一個學識力培養時期沒有培育的好，但因爲某種原因使得成績學習突飛猛進，這一定是遭遇了某個意外A使得對人生產生了一個轉折點，就像丁博一樣。

—人生債來了—

爲何丁博認爲應該要求政府在學生國小一年級的時候就要開始學習管理，因爲只有開始涉入管理學程，才知道對於現況其實還可以更好，才知道人生各階段的目標是什，才知道如何盤點善用人生資源。國小一年級時期便是開始有個人主觀意識且可以溝通討論，當然每個人的基因與成長背景都不一樣，如果可以更早學習管理學程更好。否則在持續被動及懵懂的情況下，便是持續地累積人生債。大部分學子開始有主觀意識且勇於說不時，通常在國高中時期，丁博認爲「叛逆」一詞是在反映不良的家庭教育對學子的影響，使得學子產生反作用力的意思，是更應該針對叛逆的背後原因解套，而不是針對叛逆事件導致的結果來責罵與收尾。的確，這是家務事，鮮少有政府單位或社福組織介入，除非是觸動了民事、家事或刑法條件。

人生公式是公平的，每個人都適合套用。我們不需要羨慕一出生就擁有家財萬貫的資源，因爲萬一其個人學識力沒有培養好，也只是早晚敗光家產而已。我們也不需要埋怨家境貧窮，靠自己努力經營一生得來的成果才是最有成就感的。如同第一章人生眞諦所言，人一出生就繼承了國家與家庭父母給予的人生債，隨著個人成長，人生債也隨個人修行而有所增減，俗話說：「師父領進門，修行在個人」。爲了提升個人學識力以善用人生資源、減少人生債所做的一切努力與辛苦，最終獲得心中認定的人生價值，便是一種人生而修行的過程。在此說明學子在掌握基礎學識力過程中，長期不知覺忽略提升學識力的重要性，所衍生的人生債因素：

- 基因缺陷：沒有人出生是完美的，但有缺陷的基因卻將影響著一輩子，例如肥胖、地中海型貧血、先天性糖尿病等等，有的缺陷是可以靠後天來改善的，例如肥胖。但了解自身有肥胖因子且願意改善自身缺陷的人得靠個人學識力LAPe或意外A啟發，但大部分人已習慣父母家庭成員一樣肥胖，所以難以有任何改善，長期肥胖會影響著個人身體健康、人際關係、生活習慣、腦筋遲鈍，並導致低學識力，人生債因此持續累積；

- 貧窮與物慾：貧窮的家庭環境下，容易逼迫學子在人生最青春頭腦最好的時期中轉而打工貼補家用，繼而影響在校提升學識力的機會，也有可能影響學子個性層面養成對物慾的極度渴望而不知勤儉。未能量力而爲，對物質生活過於奢侈也是製造人生債的一種行爲。當學生的本分就是專心提升學識力，若沒有掌握住把書讀好是唯一可以脫貧的系統思考邏輯，則貧窮將隨著個人學識力學習歷程的疲乏低落，持續累積人生債；
- 學習意願低落：父母事業做很大沒有時間與精神關心學子，或者不重視學子提升學識力的重要性，疏於管教或溺愛等等；
- 叛逆學子：大部分的個性具備叛逆的言行舉止，來自於父母家庭教育的影響。有些學子就是喜歡海派耍帥、成群結黨，即使轉到另一個學校，仍然還是會與在校的同質層同學做同樣海派耍帥、成群結黨的事，重心不會放在提升學識力並與成績好的同學互助，甚至爲非作歹；

●自尊心受挫：貧窮或單親家庭、低學識力父母言語辱罵或暴力行為、重大的基因缺陷、從小學習成績差、衛生習慣等因素都會導致學子自尊心受創，繼而影響三觀；

●戀愛與懷孕：家庭離婚、單親、家庭不溫暖等影響學子心靈寄託，導致心思紊亂及寂寞，以至於花很多時間精神向外尋求男女朋友情感寄託，甚至感性戰勝理性導致懷孕，在學識力及經濟能力都不足的情形下，未成年子女談戀愛及懷孕將直接產生龐大的人生債，也相對反映出原生家庭教育的不適性，但政府在單親家庭的協助上只有金錢補助一途，有很大的空間還可以經由社福單位協助家庭教育的管理，但最好的辦法還是讓學子從小學習管理科學教育。經由學習管理，單親家庭下的學子會了解自身的情感需求來自於單親家庭，理性的面對喜歡的人則了解應建立在雙方穩定長久的關心陪伴關係，並擁有合適的經濟基礎與學識力下來修成正果；

●不良的生活習慣：父母提供的家庭教育好壞以及對小孩的重視程度反映在學子的家庭生活環境，形成對衛生、穿著、飲食、時間作息等潛意識環境，長久便養成習慣而不自覺；

●網路與手機的危害：科技研發主要是為社會帶來進步與便利，而社會也會相對回饋給科技人應有的報酬，但科技過於利益導向則社會不但不會進步，反而導致混亂。

手機是僅次於電腦之外的一個通訊平台，用在工作聯絡與強化人際關係價值頗高，用在手機遊戲、多媒體與線上購物等休閒娛樂也非常便利。但丁博認爲非常不恰當的任意使用對象就是十八歲以下的小孩，尤其是十三歲國小以下學生甚至幼兒期；

很多父母親換掉舊手機但卻捨不得丟掉，便將一個無限應用通訊平台送給一個心智尚未成熟的小孩使用，這行爲如同送一輛重型機車給未考上駕照的小孩。是父母親提供了一個讓小孩遭受網路詐騙誘騙與不小心看到性變態影片的機會；也是父母將應陪伴小孩的時間轉化讓手機陪伴小孩成長的一種不負責任的行爲；更是提供小孩一個可以在任何地點、時間都可以使用的通訊平台，而父母恐怕是不曉得小孩在深夜使用手機到凌晨何時。

從因果循環的角度來看，劣於關心與重視親子關係的父母，勢必隨著小孩成長後，家庭氛圍將慢慢質變與劣化。當同學人手一支手機時，沒有手機的孩童與高學識力的父母之間的關係是緊繃的，這也間接造成了家庭教育的困擾，也降低了普羅學子平均的學習能力。其中影響學子身心靈與學習能力最大的誘因是手機遊戲，手機遊戲業者只爲了將其遊戲產品價值極大化以獲得低成本高報酬的成果，無所不用其極將遊戲內容加入暴力、色情、鬥智、貪婪、寶物與團隊合作等誘使小孩使用等元素，並在各類平面電視及網路媒體上無所不用其極的宣傳廣告，殊不知已影響國家社會競爭力甚巨。筆者認爲手機電腦遊戲的氾濫是國家大事，從專案管理的角度來看，政府普遍缺乏風險管理，政府將小孩手機使用權交由父母管理，而教育部與學校只會限制學生到校或上課時間需把手機集中管理，如果政府能夠訂定法律禁止幾歲以下的小孩使用手機或者於幾點之後無法使用網路，我相信對小孩的視力、晚上多一些時間複習功課、家庭關係、社會進步等教育方面的系統性問題有極大的幫助。同樣的兩個小時時間，努力提升學識力的人獲得了兩個小時的知識；沉迷於電玩的學生浪費了兩個小時的歲月，當兩者相較之下，雙方已差四個小時的學識力程度。最後，丁博建議，若小孩對手機的使用已到了沉迷的階段，建議父母應與小孩定訂獎懲協議，以確保功課不受影響。

綜上所述，不難看出家庭教育與環境是影響學子學識力好壞與衍伸人生債最重要的因素，也是造成富者越富而貧者越貧的原因之一，也是爲何強烈建議將管理學納入基礎國民義務教育的原因。提升個人學識力在人生公式中，是一項長期投資，也是達成人生目標最有效的資源，更是降低人生債最強大的武器。

——專業學識期——

基礎學識力時期所奠定的學識力程度，反映在考取的大學學校好壞，這在人生公式裡是公平的，即使人生背景不盡相同。丁博認爲大學生涯是人生公式裡占據個人學識力60%以上最核心的時期，專業能力決定未來經濟能力，不可掉以輕心，但還是有許多學子一旦離開了家庭環境，獨自求學之後整個大學專業學習歷程從此鬆懈。影響大學專業能力培育的因素包含了：基礎學識力程度、新環境、自由度、誘惑、感情因素、宗教信仰等等。

丁博曾經至私立技職大學二技資工系兼職教書，一班三十二人的學生只有五人左右認眞上課聽講，有一次好奇問他們爲何看起來很累，結果有八成以上晚上或夜間在打工，這無疑是個悲劇，學習人生管理就是要盡量避免人生悲劇的產生。貧窮性惡性循環：因爲父母學識力低落↓原生家庭資源與經濟能力不足↓學子基礎學力不佳↓考上私立大學↓原生家庭無法負擔龐大學費↓學子有愧於心並犧牲時間精神打工↓學子出社會後學識力能力不足↓成爲學識力低落的父母↓自主家庭資源與經濟能力不足。

丁博也曾經至私立理工大學電子系擔任系上研討會主席，當時一位台大的學生分享了他的研究成果，此成果與此私大電子系系上的碩士班學生的碩士論文程度相當，而且此研討會的成果幾乎都是碩士生在發表。我對此青澀的台大生感到非常好奇，問說：「你是大學幾年級，是跟碩士班學長姊一起做的研究嗎」？學生回答說：「我是大學三年級，這是一門一學期三學分的嵌入式晶片課程，研討會發表的研究內容是自己做的課程成果！」是的，在場的同學、我與其他評審都被嚇到了，一個私立大學的碩士班二年的研究成果等同台大三年級生六個月的研究成果。這就是台大生的專業來自於個人過去穩固的基礎學識力加上台大專業豐富的教育資源的事半功倍成果，強烈對比出私立大學生的專業來自於個人不足的基礎學識力加上私大專業教育資源疲乏的事倍功半成果，最終總是驗證在彼此出社會後的薪資與可掌握的人生資源多寡。

隨年齡的成長，就讀大學的心智成熟度總比基礎學識力時期來的好，但也因學識力不足而有差異，下列這些學識力差異在大學畢業後開始倍數的拉開能力層級：

- 道德修養能力：正面思考、邏輯思考、是非判斷、自我要求、待人處事及自信；
- 專業能力：技術深度、研究能力、跨領域能力、升學及工作能力；
- 管理能力：從專案管理的精神來看，包含了九大知識領域：「整合、範疇、時間、成本、品質、人資、溝通、風險、採購」等定義、規劃及執行能力；

當基礎學識力不好，很容易認爲讀書對自己來說是一項乏味困難的事時，升學一途就不在考慮範圍內，反而會以趕快就業賺錢的理由避開自己造成的尷尬。家庭資源不足從來不是避開升學的理由，有很多學子雖然家境貧窮，卻也眼界夠遠懂得助學貸款與半工半讀完成學業。但是從專案管理的角度，於有限的資源下完成既定目標，爲何要念研究所便是一件值得系統思考的事，因爲其中牽扯太多因果關係，丁博相信95%以上的學子沒做過升學必要性分析，下面點出升學要注意的事項：

- 學歷與實力：我們都知道實力重要還是學歷重要，但偏偏就是有人盲目的持續念極差的私立大學直到私立研究所畢業，還是找不到工作。有的人念私立或一般普通國立大學，想要取得好聽一點的國立大學研究所文憑，這考量點若同時獲得洗學歷與提升研究能力，倒是可以接受；
- 專業的價值：專業的價值是加乘的，即高中職、大學與研究所是念同一種科系。對於大學唸到一半不感興趣而轉系或重考、怠惰學習、研究所與大學所學完全無關，表示沒有盡到學涯規劃的管理，不但導致專業價值無法加乘，同時也是在累積人生債。錯誤的學習策略需付出相當嚴重的代價，因爲能力受限與時間有限的雙重打擊下，靠專業累積人生資源的能力將可能從此受限；
- 研究所特性：念研究所的動機應該是在大學學程期間遇到感興趣的研究方向、個性上符合細心、沉著與創新的專研性格、大學專業學程能力完善三個條件，方適合從事研究。但是台灣公私立大學亂象舉目共睹，有學費收任何人都可以讀大學及研究所，甚至碩士在職專班的論文品質竟會變成台灣選舉競爭對手攻擊的主要論點，而不是政見攻防。站在因果關係邏輯上，難怪近年遭淘汰停招的大學慘不忍睹；

● 配合父母的期望：父母期望小孩可以持續升學，沒有綜合考量小孩的興趣及能力；

● 人云亦云：同學都要升學，理所當然要升學，僅僅這種邏輯思考而已；

● 社會趨勢：社會普遍學歷都是大學畢或研究所畢，所以也要跟隨潮流；

● 薪水考量：爲了提升新人就業的基本薪資，再去念個研究所。殊不知若大學畢業就去工作，兩年後可能是一個小主管來面試同年紀研究所畢業的求職者；

● 社會需求：選擇的科系將影響人生一輩子，興趣若能當飯吃當然是一舉二得，但是事與願違時，請回到現實考量，把興趣當休閒嗜好，把專業當成社會生存工具；

● 其他因素：延緩兵役、出國留學、社會恐懼症等等，很多考量應避免片面思考；

丁博認爲大學畢業後若程度很好，不一定要念研究所，尤其是已經考到具有執照類的職業，例如醫藥、會計與律師執照。若是知名國立大學理工科畢業且專業能力佳，去企業後很容易就會被主管賞識重用，待一段時間熟悉公司內部運作與累積專業工作經驗後，很快就會進而擔任小主管且加薪。一個會系統思考的人一定善於做表格分析，如左邊評估表格舉例升學或就業。其中，左列每一個比較項目建議定義1～10分，建議分數打完後再來定義加權比重，免得打分數前有先入爲主的加分行爲，最後比較升學或就業的總分來客觀的分析究竟是升學還是就業好，提供參考。

選擇一 比較項目	升學	加權%	分數	備註
學歷比較				
專業實力				
個性適合				
研究標的				
投報率				五年內薪水
大學標的				
男女朋友				
……				
總分				
選擇二 比較項目	升學	加權%	分數	備註
學歷比較				
專業實力				
個性適合				
研究標的				
投報率				五年內薪水
大學標的				
男女朋友				
……				
總分				

大學及研究所生涯除了認眞讀書之外，休閒娛樂與交友戀愛也是必修的學分，丁博並不是讀死書的人，只會叫學子認眞的提升學識力。但是強調的重點是要有所目標的規劃、執行與落實，不是渾渾噩噩的浪費大學及研究所時間與精神，沒有獲得對人生有幫助的學歷與實力。專業能力多寡反映經濟能力，經濟能力反映婚姻經營能力之一，未到能力所及之前，男女生應當多點時間互相觀察、可以喜歡、可以交往、可以互相鼓勵等等皆是好事，但非常忌諱戀愛過程意外懷孕、金錢借貸、情緒勒索、腳踏兩條船等影響專心提升學識力的言行舉止，稍有意外A則未免鑄下不可挽回的地步。雖然大學生已經是滿十八歲的成年人，但是生活環境仍然是非常單純的，其心智上尚難以承受多種複雜因素的問題糾葛，針對複雜的事件糾葛放在本書第四章說明如何處理。

—工作事業期—

人生是一個專案系統，可以再細分著許多時期的子系統、人力、資源成本等等，而專案經理人是人生系統最重要的核心人物。經由嬰幼兒、基礎及專業學識力時期，以及國家與家庭教育資源下長期累積所建立的學識力及經濟實力，展現在人生專案管理最重要的工作與事業時期。在過去每一個子系統時期所累積的人生債也同時明顯的印證在工作與事業時期的不如意，例如找不到工作、低薪、挫折、借貸、失戀、被騙等等。任何一個具備專業與學識力的成年人，出社會之後最應該用管理者的角色來經營人生，因爲此時的自己是一個成熟的主體—專案經理，應負人生專案完全管理責任。

工作就是要賺錢，賺錢的目的從最基本的食衣住行至休閒育樂、養家活口至退休都需要用到錢。「金錢」是維持健康的身心靈狀態最基本的條件之一。工作需要犧牲個人的時間、精神與交通成本，來換取自己滿足的報酬或成就感，在管理邏輯上卽表示投資報酬率，如同專案管理概念中的專案可行性評估，任何人都不想高成低就或者捨近求遠，讓賺錢這一件事如同執行一個注定失敗的專案一樣變得價値低的可憐。在人生管理上無疑投資報酬率最高的是—投資自己，詳細的內容於第三章人生投資篇說明。讀者不妨也利用上表的方式，加入下列比較項目來評估合適的工作屬性：

- 健康狀態：基因好壞影響身心是否健全，進而影響工作能力與年限。求學期間熬夜讀書或從事休閒娛樂，容易導致中年之後健康出現問題；
- 個性：內外向、私慾貪心、道德良知、勤勞懶惰、三觀等等，皆影響著言行舉止及合適的工作職位；

●學歷：公私立、國內外、理工技職等學歷屬性，皆代表個人學識力，自然影響薪資，尤其是中途轉科系或者高職與科技大學唸的科系沒有關連性，甚至出社會從事的工作與大學所學專業沒有關係。繼續升學也會影響未來的薪資水準，只要願意彌補回來過去沒有掌握好的學識再進修都是值得鼓勵的。學歷與學識力越高，升遷與調薪幅度就越大；

●經歷：專業能力有限或常換工作易導致專業經驗斷層，影響就業機會與敍薪條件；

●家族事業：家中有家族企業請優先考量，家族親友父母協助指導，加上個人豐富學識力，賺錢能力倍增；

●人際關係：善於交際，真誠待人，有朋友相助；

●創業：學經歷完整，具備企業管理能力與企圖心，賺錢能力倍增；

●感情因素：因親人感情因素委屈將就於差勁的工作環境與薪資條件；

●企業屬性：上市櫃公司有制度福利穩定，但升遷不易；中小企業發展機會多，人事與制度彈性高。政府或國營企業也有其優缺點，丁博有一些朋友也情願離開公務人員鐵飯碗，實現自己的人生目標。說到底，學識力好，其實是不需要擔心賺錢這種事，但比較擔心的是自信過了頭所造成的人生資源損失；

只有少部分的人在出社會工作，就擁有家族企業的資源，大部分的工作也都是以學歷來區分職務屬性。在這裡本書就不探討服務業或仲介業的職稱，因為這兩種產業的職稱通常會虛有其表以取得客人的信任。下面分享各個專業層次中職涯發展建議：

- 雜工：雜工的學歷與學識力是最低的，當然家庭資源與家庭教育能力都是極度缺乏的。這裡建議放下自尊與面子，求助於社福或努力尋找政府資源協助，先奠定穩定的工作薪資，再來求下列專業層次上的發展。要記住，人生債是一定要還的，越早還人生債則遞減，越晚還人生債則遞增。丁博念碩士時也曾臨時當廠房守衛呢！
- 作業員：比雜工好不到哪裡去，只不過進入到工廠內執行一貫流程的低階工作，薪資低但比雜工的收入穩定。除了雜工項的建議之外，請架構在身處的產業別下，利用公司提供的進修資源，繼續升學提升學識力；
- 專職助理：具備高中大學畢業程度，剛出社會不久。若程度不佳，則建議使用且戰且走的方式，一邊工作一邊念在職專班。若程度好，全心努力工作以專業經驗加乘個人學識力；
- 工程師：學識力好，應該大學畢業就進入社會工作，當上主管後再進修提升專技研究或管理能力。男怕入錯行，女怕選錯郎，別做可替代性高的技術工作，意味著技術門檻低，導致薪資較難隨著年資提升，例如品管、半導體設備維護、測試工程師、冷門產業、系統整合、維修、客服等等。情願找一家小的公司做IC設計，也不該找一家大公司做測試工程師。另建議一份工作至少要待個五年以上再換；

- 人才：具備一種專業叫做工程師，具備兩種跨領域的專業叫人才，要先成爲專業人士，再成爲跨領域的人才。例如丁博先專精電子電機領域成爲電機博士，出社會後再進修管理學能與自學投資理財；
- 老闆：在產業經驗充足、掌握業務商機及穩定金流三個條件下，儼然邁向成爲老闆之路。光以天時地利人和，還不足以表示成爲老闆的契機。自負盈虧、全天候工作、全能、借貸、運籌帷幄等等，還不足以描述老闆的工作範疇與能力。雖然成爲老闆後賺錢的力道很強，但相對的經營風險是對等的。簡單來說，成爲老闆是日與漸進水到渠成的；
- 投資客：視手中的資源多寡，作本業或他業的資金投入，以獲得個人滿意的報酬。即使是雜工至老闆都可以是投資客。大部分握有高額資金投資的人都是在本業上成爲老闆或者長年薪資頗高而累積許多的財富；

人生債多，不能代表人生就可以隨便過，也不是作爲作錯事失敗的藉口。人生沒有資源沒關係，先把原生家庭感情問題放一邊，自求多福，達成目標後再來反饋原生家庭。人生苦短，時間一定要花在有價值的地方，錢一定要花在刀口上。在賺錢這件事上，我們需要有計畫性的冒些風險來實現理想。尤其目前科技業是最熱門的產業，從事科技業不是找一份穩定的工作就足夠，而是要持續的進步，而且男女有別，女生的另一個重心應該挪出30%以上的心力放在擇偶上。丁博過去專科畢業後第一份工作是電腦維修，底薪加績效獎金月收平均有台幣四萬五千元左右，但是並沒有因此滿足於現狀，因為乏味的工作內容加上升學的堅定目標下最後還是離職準備升學，憑藉著專科畢業加上三年的工作經歷視同大學同等學力的資格下考取研究所碩士班，接著再一路把博士班念完。丁博不是從小到大都是成績優異的讀書人，國中畢業前英文一到一百的英文恐怕還念不出來。人生一路走來上述七種角色都有扮演過，在專科及研究所時期皆有打工來維持家計。發掘初心，立下目標，堅持到底，相信您也可以心想事成。

—觀察戀愛期—

一個學過人生管理的學生會知道提升個人的學識力是目前最重要的事情，還沒有與心儀的對象交往前，可以先認識很多異性朋友，了解這些異性朋友個性上的優缺點與家庭背景，然後從中選擇一個喜歡的女生進一步的親近與深入了解。花時間陪伴與關心喜歡的人是一定要做的，所花費的時間與精神是可以安排規劃的。隨著時間一久，讓對方感受到誠意、信任與習慣相處模式，自然而然便成爲了男女朋友。千萬別一遇到喜歡的異性，未經觀察與長時間的相處，就直接衝動的說出想要跟對方交往的話。如果喜歡程度可以分成1～10分，10分爲最喜歡。學生階段男女正式交往前，建議最高2分以下卽可，交往後建議最高4分以下卽可，因爲學生階段還是以提升學識力爲主，放太多心思在談戀愛上，後果恐怕會得不償失。

無論是學生或者是出社會在工作的人與異性交往時，千萬別腳踏兩條船，亦卽在同一個戀愛時期與兩個以上的異性交往。這在人生管理上無非是牴觸了學識力、國民義務教育與家庭教育，並且容易在往後的人生及婚姻產生了人生債。丁博國中時很喜歡一個女同學，雖然女方知道我很喜歡她，彼此卻也一直保持著朋友關係，直到當完兵從事電腦維修工作後才正式交往，豈料交往三個月後才發覺她早已經有個交往一年多的男朋友，基於我是第三者、一人痛總比三人痛好、不想再花另一個十年糾纏、準備升學四個考量下，慢慢消失在女方的世界，後來念碩士時輾轉得知女方與男友也結婚生子，彼此美事共兩樁。

我們常常看到一對情侶或夫妻彼此長的很像，那是因爲正常家庭長大下的小孩，男生對身材、長相及個性像自己的媽媽的女生會有好感；相對女生對個性、外表、長相像自己的爸爸的男生會有好感。對男生而言，若母親在家中比較強勢，則男生對有個性的女生會特別有好感；對女生而言，若父親有抽菸的習慣，則女生長大後對身上有菸味的男生會有親切感，以此類推。單親家庭下的小孩因爲不完整的親情而會較早熟，會更早對情感上有所寄託於朋友或戀人，婚前婚後對對方的交友與生活動態會較敏感甚至有控制的行爲，這是需要體諒與包容的。孤兒院環境下成長的小孩，沒有父母親情與相處模式可以學習對照，只有朋友可以依靠，只有先天的基因可以觸發喜歡的對象型態，男女之間的關係需要辛苦的花更多的時間摸索。

似乎人生所有行爲都跟個人的學識力有關係，而最大的遺憾在於普遍都沒有人眞正學過人生管理，利用管理哲學輔助人生。男女之間談戀愛，不管是不是因彼此喜歡、日久生情或者有長輩的促婚壓力，很少有初戀就成功邁入禮堂的。如果把每一次的戀愛都視爲專案，那談過很多次戀愛都失敗收場的人，似乎許多個人條件都沒有讓異性認可。考量戀愛這個專案是否可以成立的立場上，確定選擇對的對象來談戀愛是要做功課的。戀愛的成敗原因非常多元，以下建議需考量的因素，讀者也可套用至評估表格量化評分：

●個性：男女雙方都不是在同一個家庭與父母環境下成長的，無論是在生理、心理與需求也大不相同，因此不應該要求對方一定要懂你、配合你而來改變自己，無論是在戀愛前或者婚後。不同環境下成長的彼此，個性上的匹配與相互容忍度是最大的考驗，有緣認識相處未必能相愛，甚至修成正果。個性層面也可再細分評估項目或者強化權重%；

●學識力：即使一開始認識時個性很合得來，但學識力落差極大時，長久相處下來會覺得話不投機半句多，當然文盲的分數最低，研究所的分數最高。情感薄弱、學識力不足，是魔鬼與小三容易趁虛而入兩人世界的時刻；

●時間與距離：相隔兩地的戀愛是最容易失敗收場的。當男女雙方彼此互看對眼時，時間就成了考驗彼此修成正果最重要的工具。因爲經由緊密的相處可以更容易看出彼此是否可以長久的生活下去，也同時更深入的了解對方的背景。丁博認爲跨國戀愛的人一定是瘋了，而且在網路上談戀愛而被詐騙匯款的人在認定談戀愛之前，恐怕精神上就已經是過度癡迷與偏執了；

●家人親友：有人說，要了解一個人的品行，看看對方的朋友就知道了，物以類聚是眞理。相反的，朋友也會觀察交往對象的言行舉止，而給予一些建議，所以要評估表格時，這一欄應該交給家人親友來打分數，而不是自己一廂情願給予高分喔；

● 求學：求學重要，還是戀愛重要，這是見仁見智的選擇，但是否可以兼顧取決於自己的能力。在本章最後一節會討論到同步工程的重要性。求學的環境很單純，丁博鼓勵不影響學業的情況下，求學期間談戀愛是一件幸福的事。但是若人生債太沉重，例如助學貸款、半工半讀、照顧失能的雙親，則建議專心做好讀書與另一件事即可，以免影響提升專業學識力的時期；

● 誘惑：其實男女雙方都一樣，若個性不夠成熟、未經長期相處產生愛意的感情是薄弱的，感情基礎容易受到外在誘惑動搖。遵循社會規範下，每位還沒有立下誓言訂立婚約的男女，都有權利改變戀愛對象，以符合個人對人生目標的價值定義。當然結婚後也可以離婚，表示個人擇偶眼光錯誤或者自身條件被對方誤判，只不過離婚要付出的代價遠遠高於換個戀愛對象，尤其是已經有了小孩。從專案管理的角度來看，執行一半的專案中途失去專案重要成員，對專案進度與既定目標是重傷；

● 家庭背景：每位成年男女都是父母親的寶貝，要決定與對方一起牽手共度一生前，需仔細考慮雙方的家庭與家族背景，例如長輩的工作、經濟、品行等等。如同前面章節所言，你的對象是他的家庭父母教育出來的。如果最後證明是選擇了一個錯的人，不也代表自己的愚昧與原生家庭教育的失敗，這就是人生因果；

●單純的戀情：男女交往一定是站在感情的基礎上，談戀愛期間越乾淨越好，千萬不要有金錢上的借貸關係，以避免走到分手階段時糾葛不清。分手的基本態度一定要好聚好散，情緒不可過於偏執，俗話說：「下一個會更好」，丁博感同身受；

在上述這些評估項目中，可自行增加缺漏之處，或者自身覺得更重要的考核項目。

十幾年前，曾經有個正直適婚年齡的好朋友很苦惱的跑來找我，說他在五、六個認識的異性對象中，不知道該選擇哪一位來以結婚爲前提正式交往，每位異性都有優缺點，搞得他不知所措。後來我就幫朋友轉化一些他口中的優缺點爲評估項目，也包含了前述的八點內容。請他對每位對象評分，完成評分且過了一小時，每個對象的分數已經忘的差不多了，我再請他將各評分項目賦予權重，後來得到了一份戀愛對象評估表格後，我朋友因而豁然開朗起來，這該是個人學識力應辦的到的事，足以看出朋友的學識力中缺乏管理能力。

三個月後朋友來找我了，說他跟表格內分數最高的第一名已經正式交往三個月，但是最近分手了，原因是交往進步到上床的剎那竟然沒有性衝動的感覺。再過九個月後，我收到了朋友送來的紅色炸彈－喜帖，令人開心不已，結婚對象是評估表格的第二名，朋友目前已是兩個孩子的爸爸。第一名的遺憾是管理科學也解決不了的事，丁博認爲原因出在當初的評估表格中，可能朋友對外貌項目的評分權重打的太低，或者第一名的其他項目太出衆，因爲從基因層面來看，男人畢竟是視覺系兼下半身動物，這是無解的事。

「門當戶對」是有其理論基礎的，架構在愛的基礎上可以有了婚姻，但是一個穩定的婚姻卻是需要雙方家長甚至是家族的祝福、充足的經濟能力、接近的學識力程度等門當戶對的條件，若雙方因爲愛情而不顧一切結婚，則婚姻之路會走的非常坎坷，甚至徒勞無功。例如乞丐與千金是兩個完全不一樣的地位、學識力與經濟能力。男女雙方兩個人生系統融合之前，須經過一段戀愛期或者是試婚期，既然雙方都是成年人也有充分的成熟度，在磨合階段後都決定互許終身了，則後面不幸走到離婚階段就太不應該了。

接續前面講到談戀愛時喜歡的程度，丁博認爲，大學階段的戀愛隨著相處時間越來越久，互相更深入的了解個性及家庭背景、鼓勵扶持等等，所以喜歡的程度可以提升至最高6以下，等到退去學生的身分後，可以再提升至最高8以下。最後的兩分留給自己作爲戀愛風險管理使用，以免分手後情緒低落無法自拔，失去自我。

—結婚家庭期—

很多國際型的專案來自於不同公司的合作，其難度遠比同屬一家公司不同部門的專案合作。異國婚姻如同國際型不同公司的專案合作，國內婚姻如同兩家台灣公司共同執行一個專案一樣。夫妻之間如同兩個專案經理人要一同合作完成一個經營家庭的專案，專案經理人彼此之間互有資源、契約承諾及工作屬性的約定與分配，互有可供量化與質化完成的階段性目標定義，所以建議婚前一定要謹慎討論與溝通，而這種事只有極少數的人討論過，而且是片面的沒有像專案章程或規劃內容一樣清楚與長程，大部分都是被愛情沖昏了頭，且戰且走，婚後再來彼此修正。丁博不是要讀者學習管理來一板一眼的視各個人事時地物爲管理標的，也不是要讀者凡事站在「理」字爲優先的思考模式下來對待夫妻相處與感情問題。而是因爲人生是一個非常複雜的系統，利用管理科學與系統思考來面對人生各個時期，可以少走許多冤枉路，少製造許多人生債，再次強調本書人生管理宗旨。

談戀愛是一回事，結婚又是一回事。談戀愛期間花的時間、精神與成本，若是分手了，則也就浪費掉了。若是延續至結婚，則人生在戀愛期累積的價值與資源便持續的投入在婚姻與家庭時期。所以不需要羨慕常換異性朋友的人，他們的感情基礎是容易動搖且薄弱的，其浪費掉人生資源的同時也是在爲自己累積人生債。曾經遇過一位朋友戀愛十年了還沒有結婚，在第十二年的時候終於與對方結婚了，這表示雙方對未來共同的人生專案沒有規劃與共識，或者有其人生債限制了彼此進一步的發展，後來錯過了懷孕的時期，膝下無子，中年的生活兩人也形同陌路般，各過各的生活。

丁博認爲男女雙方交往時只能用喜歡的程度來定義，即使普遍都使用「戀愛」兩個字來形容交往中的男女培養感情程度的字眼，因爲只有決定邁入婚姻的雙方才能用「愛」一字來形容對彼此的感情。理由是不喜歡了可以放棄，不愛了非常難割捨。結婚後相愛的程度時也可以爲1～10，決定結婚了表示相愛程度達到4分以下；生了小孩養到10歲以上，表示相愛程度達到6分以下；經過了更年期後約55歲以上表示相愛程度達到8分以下，最後還是建議留下兩分愛自己勝於愛對方，一樣也是買保險，作爲相愛風險管理使用，以免離婚後一樣無法自拔，難以承受打擊。

與對的人談戀愛的評估項目如上一小節所言，而與對的人結婚之前建議也比照辦理來個溝通討論，討論內容的共識越少表示可能越不了解彼此，或者甚少在談論這種事，甚至過去是爲了愛情在配合彼此，從黃金定律來看至少有80％的共識是可以達成的，否則眞不知道過去的戀愛是怎談的，然後爲何會走到結婚的這一步，懵懵懂懂的步入婚姻就是缺乏管理思維，即是大家說的「結婚就是走入墳墓」一般。婚姻即是看清雙方擁有的人生資源與人生債，而願意共享人生資源，共同承擔人生債，相互扶持努力經營家庭，完成共同的人生目標，聽起來與結婚誓言很像是吧！下列描述婚前討論項目供讀者參考：

- 階段目標：是否要買房買車貸款等等，錢誰出、小孩生幾個；
- 私人財產：各自的經濟能力是否足以成立家庭及彼此的財產管理方式；
- 共有財務：是否要建立家庭基金，夫妻薪資各支出分配比例，家庭基金運用標的，包含生兒育女基金、原生家庭負擔、基本生活與休閒娛樂支出等等；
- 主內主外：夫妻長久經營家庭下來，感情的質變有時連夫妻雙方也不知道爲何會如此轉變，甚至無解。學識力高低表現出一個家庭的管理能力，管理能力不是要求凡事都應該聽學識力最高的那個人的，而是指家中大小事運籌帷幄的能力，夫妻之間誰某個專業程度高、誰居家生活管理好就應該由其發揮，而不是不懂財務的管理財務，錢賺少的要求錢賺多的花更多的時間打掃整理家裡，雖然居家整潔是家庭成員要共同負擔的，但是錢賺多的人相對在事業上花費的時間與精神也相對的多，也是需要休息的。畢竟夫妻不可能學經歷都一樣，所以能力越不足的人越容易表現出自我保護的言行，越孤苦無依的人越容易表現出強勢的姿態，千萬別因知識程度差異太大，有理說不清；

●家事環境：家庭事務分配，包含居家環境整理、曬衣服倒垃圾等等，與各自的工作時間壓力有關；

●休閒娛樂：休閒娛樂以共同參與性的爲主，個人的休閒娛樂不包含在內，例如男生喜歡玩PS4，請用私人的資金購買，但因升官節慶生日等因素而採用家庭基金購買的禮物贈送或慶祝，倒是合宜；

●生活習慣：爲了維持家庭成員共有的生活品質，沒有人應該容忍對方不好的衛生習慣，所以一定要改掉，若是眞的改不掉也請避免影響他人。夫妻之間應討論彼此的私人空間與時間，互保有一點神祕感也是一種生活情趣；

●原生家庭：彼此原生家庭的資源會影響自組家庭，當夫妻某一方的原生家庭需要協助時，一定要夫妻雙方具有共識，在量力而爲且不影響自組家庭營運的前提下予以協助。婆媳關係惡化來自於兩個女人都是強勢的個性，這就是人生因果。兒子是婆婆教育出來，老公是老婆選的，老公選老婆參考對象是自己的母親，丁博認爲婆媳關係惡化，眞的是婆媳雙方找自己麻煩。當然人生資源許可與親情可兼顧的條件之下，各自居住可避免二代之間的許多學識力、生活習慣、主導性、子孫教育等觀念差異與糾紛，但原生家庭之間的親情關係也同時會隨時間淡化；

●魅力性事：男女的性生理需求隨著年齡與生育，都會有變化。雙方應努力長期保持如當初戀愛般的魅力：即態度、個性、身材與衣著。遇性事不順時應冷靜討論。丁博認爲四十歲中年之後一週一次做愛最好。四十歲以下年輕人以工作小孩爲重，性事爲輔，互相配合體諒。男女都會有更年期的問題，中年男人若想重振雄風或者重溫舊夢，其實老婆是最好的重新交往對象，但還是要先改變自己如當初戀愛般的魅力才行。前面曾說過男人是視覺系動物，女人是感覺系動物。太胖太懶太會吵架都不是會增加夫妻性慾的型態，尤其是言行皆凶巴巴的女人更容易倒男人的胃口；

●養兒育女：生兒育女是動物的天性與本能，雖然有些人精神思想與行爲上避開這種權利與義務，但要小心違背大自然的法則下，相對的也是在累積人生債。許多不想結婚生子的年輕人信誓旦旦地說他不會在年老的時候因孤獨寂寞的內心而被詐騙，但的確得等到他眞的老了頭腦反應不好了之後被詐騙了還不自知，一切也都來不及了。丁博認爲，凡事量力而爲，別害怕做人應該做的事「結婚生子」。夫妻若有純結婚不生小孩的共識下，未來比有小孩的婚姻更容易離婚。夫妻雙方應討論共有的資源能力來決定子女數，並且提早準備育兒基金；

●底線紅線：人非聖賢，孰能無過。夫妻之間要討論強調各自的紅線與底線在哪？例如離婚，丁博認爲離婚的條件爲：外遇、暴力、不負家庭責任這三個要素；除此之外，夫妻雙方都不應該進入離婚的階段。尤其是外遇這種事，夫妻之間的背叛可區分爲精神出軌、生理出軌、外遇已婚及外遇未婚，其中外遇指的是對婚姻以外的第三方長時間的感情付出與性關係，丁博認爲，只有外遇可以討論離婚，其餘精神上或金錢上的出軌沒有時間感情因素支持，也許應該寬容對待一時失心瘋的愛人，好好維持婚姻狀態。看A片不算出軌喔！對性不滿足這件事來看，夫妻之間已經經營一個家庭許久，其實並不值得單純地因爲性需求背叛夫妻雙方，對不起對方長年來盡心盡力爲家庭子女犧牲奉獻青春付出的一切，放棄辛苦建立經營起來的家庭。家庭是一個系統，身爲父母親維持一個家庭系統運作比執著個人單一需求或牴觸某件令人偏執的事來的重要，否則失去的可能是整個系統的崩壞與存亡，不可不愼；

●退休養老：討論何時退休，長期準備多少退休金，以避免晚年還要跟子女伸手要錢。丁博在此建議千萬不要一次性的領用勞保退休金。看過太多懵懵懂懂三年內就花完的例子了；

●情緒止損：維持家庭和諧的重要性有助於小孩的成長與夫妻的情感。每個人都是有脾氣的，夫妻之間應該討論若某一方在氣頭上，應該說出什關鍵字或擺出某個鹹蛋超人的姿勢之後，便應該立卽停止無謂的爭執與立刻降低迴避陰暗的氣氛。丁博認爲，吵架大聲公的模式來自於原生家庭潛意識的耳濡目染，壞脾氣終究是解決不了問題的，氣質也顯得低俗，推薦學學丁博愛妻優雅的氣質；

學過專案管理的人都知道，一個專案的負責人是專案經理，但是專案經理上面還有老闆提供資源，執行專案的成員也影響專案品質與成果，專案經理應盡量做到面面觀、人人好，事事順利才對。所以專案經理是不能愛面子的、是不能耍老大的、是要講道理的、是要講求情理法的、是要萬法皆空不能有私心的。所以，丁博奉勸各位身爲家庭唯一的男人—丈夫，在妻子的面前，千千萬萬不可以愛面子，妻子可是付出了她們的全部。這世上只有夫妻之間的關係是同時擁有愛情與親情兩種，而且夫妻之間的親情是可以共患難甚至是可達到無性相處的，不過這一點丁博可能也還做不到，互勉之。

—銀髮養老期—

什麼是弱勢？維基百科說明：弱勢群體，又稱弱勢社群或弱勢族群，指的是社會上生活困難的弱者群體。例如低收入戶者、獨居長者、失業勞工、請願民衆、露宿者、農民與身心障礙者以及某些山區的婦幼等。這裡丁博定義一下何謂弱勢：個人無法掌握、擁有或喪失絕大部分重要人生資源的基本要素。其基本要素可分類爲：

●健康的身心靈：身體缺陷包含基因導致的先天性疾病與遭受意外導致的殘障等；精神缺陷包含先天的智能不足、後天遭受事件打擊以及身體老化與生活環境變異導致的精神異常、判斷力老化、邏輯思考能力變慢、情緒暴躁憂鬱等；

●情感寄託：未婚、失婚、父母早逝、無親無故、單親等；

●賺錢能力：學識力低下、文盲、更生人、經濟窘迫等；

●親友力量：單親家庭、獨子、親人無交集、個性孤僻、獨居等；

●特殊身分：原住民、外籍新娘、外勞及其子女、財團惡勢力或流氓欺壓、重工業區汙染周邊居民等；

●人生債：家裡有不孝的子女、欠債、暴力酗酒吸毒的家庭成員等；

國家資源對上述的弱勢皆有政府及社會福利機構協助，而丁博之所以定義何謂弱勢的原因是因爲六十五歲以上的老人占上述的基本要素至少有三項以上：老人的身心退化、小孩普遍沒有與老人同住、老人的學識力普遍低於小孩而有生活衛生及處事方式上的認知差異、老人喪妻或獨居、老人年輕時長期遭受社會的人情冷暖而變的敏感、最後是老人過去年輕時的所作所爲及言行影響，自身所應背負的人生債。

生老病死是大自然的原則，在我們正值年輕壯年時，我們還不會經歷到身爲老人時的困境，很難將心比心面對照顧過去養育我們長大的父母，想必跟照顧小孩一樣且戰且走，加上過去對父母的埋怨與不當管教，以及早已忘卻小時候被父母捧在手心上細心呵護的感覺，這些老人家老年後的生活遭遇令人擔憂。在此建議現代的子女如何對待年邁的父母：

- 口氣與態度：爲人處事的基本禮貌，尊敬父母，體諒父母反應遲緩，對人事物的處理方式時常過與不及，難以拿捏得體。
- 寒暄問暖：時常帶孫子探望，聯絡關心與共餐出遊；
- 基本生活：確保物質生活無虞。了解父母交友與消費習慣，避免受騙或大量採購消費。維持居家環境整潔；
- 健康檢查：定期健檢掌握父母老化程度，平常注意有否異常言行或躁鬱現象；
- 負面資訊：避免談論原生家庭過去或現在不愉快與負面的事件；
- 休閒娛樂：協助安排與培養父母退休的休閒生活，例如植栽、愛心麻將、擔任義工、老人照護中心；

●金孫銀孫：勿在父母面前責罵鞭打小孩；

在此也建議年邁的父母該如何對待已成家立業的子女：

●家庭管理：正視小孩已有自己的家庭，尊重小孩管理自組家庭的觀念與方法；

●家居生活：有能力與小孩分開住就分開住，以減少兩代間生活水準與孫子教養原則上的認知差異與磨擦；

●財務壓力：長期儲備老人退休金，非但必要盡量避免跟小孩索取生活費；

●當和事佬：子女夫妻間有吵鬧時，不可對兒媳及女婿責罵，協助大事化小小事化無，以暫時分開舒緩緊張氛圍；

●財務事務：完全告知原生家庭的財務與事務給小孩知道，讓小孩協助處理；做好遺產分配規劃，避免小孩事後衍伸爭產糾紛；

●權責區分：讓有能力的小孩多分擔些責任，以後也多分些財產。切勿將原生家庭資源盲目供養不成材的小孩；

—宗教信仰—

適當的宗教信仰有助於身心靈的健康，宗教信仰是人類用來解決需求、精神問題與現代科學無法解釋的一種方法。既然是一種方法，表示還有很多種其他方法可以用來解決上述問題或者有待科學的進步來解釋，例如醫學、藥物、心理諮商、運動、轉移注意力、催眠、網路經驗、培養興趣、二次就業、請教長輩、社福團體等等。宗教信仰的協助是一種輔助參考性質，不該是盲從直接決定的，如同看到遠方一群候鳥飛過，便誤解成龍鳳現身。只不過在過去一、二千年大量文盲的時代，造就許多宗教信仰的蓬勃發展，並且持續延伸影響至現代社會。本書著重在宗教信仰與人生管理的關係，至於有無神論、宗教戰爭與宗教立國的論述就不在本書討論。

以專案管理的精神來看，柯P提倡的理性科學務實觀念同時兼具了理想與現實的考量（但是對不起，總統一票沒有投給你），人生專案是有限的，專案經理的學識力與大腦是有限的，每個人的學識力都是有限的，因爲有限，所以超過個人極限時卽表示能力已不足負荷，表示可能人生債過大於人生資源而手足無措，訴求宗教信仰的協助便是一種方法，但是未嘗是最好的方法。人生執行過程中，對宗教信仰的求助過與不及都是不對的，就好像專案經理執行一個專案時遇到瓶頸，跑去求神問卜請求神明協助一樣。宗教信仰已經根深蒂固嵌入國家社會及家庭，每逢初一十五或者初二十六以及相關節慶，都得執行宗教信仰下的行爲規範。甚至如同潛意識般以無形莫名的方式指揮著父母要求子女做相同的事而不自覺盲目。丁博認爲，容易因宗教信仰過度迷信所失去的自主能力及遭受的損失有下列幾項，若讀者對比上有所感受則應該小心謹愼處理，慢慢迴避，因爲過度的迷信是一種被長期催眠控制的結果，恐怕不是可以當機立斷說斷就斷的事，尤其是面對自己簡直著了魔的長輩：

- 意識：宗教信仰善於使用情感、聲樂及黃色紅色視覺搭配來讓信徒舒服且無意識的沉浸在周遭的環境。當然在一開始想要踏入這樣的環境之前已經有充分的接受度。而換了個位置與環境則很容易換了個腦袋而不自覺，有被催眠的意涵；
- 金錢：任何一個組織發展都需要人力、時間與成本等資源來支撐。除非個人的宗教信仰範疇只局限於自己，且自給自足，否則宗教信仰營運需求上必定與金錢有所連結，財團法人透過宗教信仰向社會團體、企業、人民收取合理捐贈的規範未被政府法律化，以至於有些財團法人富可敵國且帳目不清，非人民之福，政府責無旁貸。因此，捐多少、何時捐、捐給誰等意念，便是個人的自由心志—操之在個人的學識力與宗教團體的號召能力。過分迷失的人會將宗教信仰的重要性置於對家庭親人的責任之上，而願意奉獻無盡的財富、時間與精神，因爲信仰的力量是無法量化的，而這一開始便已經逾越了本書第一章第一節大自然的法則；

●感情：既然是組織，必定有人力，既然是團體，相處時間一久便自然形成共識與組織文化，一個團體從善如流或者從惡如流，長時間演化下會從隱性漸漸變成顯學。一路從善如流，遵循著助人爲善的言行值得讚賞。若質變而從惡如流者，身爲團體中的一員非常難以醒悟，並且更難抽身。加入宗教團體之前必須三思而後行，既然人生而修行，明哲保身可能比誤入歧途還來的安全無憂；

●身體：從人類基本的繁衍需求可得知女生身體是可被價值化的，例如娼妓、AV女優、寫眞集等等。因此對利用宗教信仰的力量欺騙女信徒，來得到個人性方面滿足的騙子不在少數，受過教育卻枉顧人倫道德與社會規範的行爲其實與畜生無異。過分迷信因而相信奉獻身體是一項高尚行爲的人，其學識力一定有問題，同時缺乏判斷力、自律能力與倫理道德感；

●時間：時間就是金錢，我們內心重視什麼，就會願意把時間花在那。過分迷信的人，會降解自己所應負的家庭照顧與育兒責任，將更多的時間花在宗教信仰或教友身上，自私地只爲了滿足個人心靈上的寄託；

●位階：既然是組織，必然有位階。有些惡質的宗教團體掌握住人性企圖心與虛榮心，個人捐款貢獻額度越高、號召的信徒或捐款越多則位階越高，而位階越低的、越貧窮的、年紀越大的、個性越單純的，崇拜主義越明顯，則甘心服從受人驅使，無償地爲他人或宗教組織做牛做馬；

●家庭衝突：長輩與晚輩的宗教信仰不同時，往往會帶來災難般的衝突。有些宗教是不拜祖先、不拿香的，連配合長輩假裝一下也沒辦法。把宗教信仰置於家庭和諧之上的人，其人生管理的思考邏輯是有問題的；

●環境與外表：俗話說：「面由心生」，了解一個人的本性不全然能夠在極短時間看出全貌，而是需要時間來觀察，短時間的印象當然是由外表言行與其生活環境可略知一二。宗教信仰的號召力在團結組織向心力上容易會採用制服或配件銘牌等形象形式來區分每個人的位階與組織認同感，一般的企業也都會這樣做。當宗教信仰企業化之後，股東權益最大化便會成爲顯學，端視於領導人把股東視爲人民百姓或僅止於宗教財團法人高層。要小心，當一個人的日常穿著與生活周遭慢慢改變成宗教信仰的氛圍時，其迷信的程度已不在話下；

●人際關係：丁博三十多年的好友沈亞慕（慕鈿設計—本書封面設計者）說了這樣一句話：「決定吃素的人就已經同時決定不要跟家人一起用餐了」，的確因爲飲食習慣跟餐飲工具就不一致了。而且過度信仰的人，其言語談吐之間散發的氣息與邏輯的偏激已與一般人的相處格格不入，親人間的隔閡也會日益增加。並不是說宗教信仰不好，而是有自己追求的宗教信仰之人，在人際關係與家庭拿捏之間要謹慎小心，寧可獨處一人時從事信仰的行爲，也不要在家庭團體生活上表現出令人感到怪異的言行，導致難以相處讓人排斥的窘境，畢竟人類是群體生活互助的，也需要親情感情的依靠寄託，親情的依靠不應該是由無形的宗教力量來取代的；

—同步工程—

在上述的章節，僅僅單方面的描述各個人生時期的管理邏輯與觀念，但人生專案是無法每個時期只做一件事的，人生是複雜的事件綜合體，如果專心完成一件事，則另一件事可能就被忽略了，「顧此失彼」是最經典的成語，最經典的範例卽是錯失家庭婚姻的女強人與黃金單身漢。本節探討同步工程意味著我們要進入人生專案實務規劃面。同步工程又稱並行工程，在管理上意味著同步執行針對某個專案目標區分的各個子系統。每個子系統之間有其序列與並行的規劃與必要性，用意在節省專案資源下達成既定的專案目標。

把專案管理邏輯套用在人生公式裡HRL（t）−LD（t）= H + FL + B，意味著要盡量掌握、善用、創造人生資源HRL，執行過程中要降低與避免產生人生債LD。在每個時期會犧牲時間、精神與部分財富，只爲了提升學識力與累積更多的人生資源，以滿足人生目標─健康H、親情FL、財富B。因此在某個時期應該付出多少人生資源以獲得最終的成功，即個人投資報酬率的認定。丁博認爲人生容易顧此失彼的主要原因爲對某件人事物與慾望過於偏執，下列爲探討容易顧此失彼的因素：

- 固執個性：與親人賭氣不歸不聯繫，活在自己內心痛苦糾結的世界裡；或者做個聽話的子女，唯唯諾諾沒有主見地聽從父母的安排，錯失創造人生許多精彩的時刻；偏執決定不婚不生；反社會人格；
- 過度耗能：熬夜讀書、交際應酬、藉酒消愁、過度自慰、身兼數職努力賺錢還債、學識力差從事危險易患職業病等等因素，因而獲得其他滿足卻失去了健康；
- 無限事業：全力追求自己的事業，權力、財富、名聲得來不易，情願犧牲與家人相聚的時光、戀愛結婚的機會與健康休息的時間；

●失去自我：肩負起家庭重擔，照顧失能親人、償還原生家庭債務等等，等到想要擁有自己的一片天地時，歲月已不饒人；過度迷信宗教信仰奉獻身心錢財；
●迷戀愛情：未準備足夠的人生資源而過早談戀愛、結婚、生小孩，以至於無法順利完成學業；
●無謂義氣：爲朋友講義氣兩肋插刀在所不辭，加入幫派、鬥毆、擔保借錢等等，損失應累積的學識力、人生資源與寶貴的時間；

丁博利用專案管理工具—甘特圖與要徑法，製作一張標準的人生關聯圖供讀者參考，其中因每個人的人生資源皆不同，故要徑法內的算術不予定義與計算。利用甘特圖可分類人生各個時期中的工作目標，要徑法可定義欲達成的關鍵里程碑。兩者皆可再細部定義欲達成某個里程碑過程中需要投入的資源多寡。量力而爲與輕重緩急的拿捏是人生專案經理基本的管理能力，在重要的里程碑投入更多的時間、精神與成本，在不合適的人事時地物上避免投入不必要的資源與心力。從圖中可知：

●人生不斷的變化：人生持續在變化的地方卽身體成長、學識力、事業及家庭親人間的情感，並且一代一代循環著；
●過與不及：從同步工程的角度來看，專業學識力與初期工作階段常常伴隨著戀愛，工作與事業階段常常伴隨著結婚與養兒育女，人生是一定要善用同步工程的觀念來管理運作。若提早在基礎學識力階段談戀愛甚至懷孕，則無心提升學識力之下，也長期影響著未來工作賺錢能力甚巨，不但自組家庭資源匱乏，恐怕也無法有多餘的人生資源可回饋原生家庭孝敬父母；

- 個人價值：出社會工作是展示如何使用個人的學識力運籌帷幄人生資源，若資金不夠充足，則買一台中古汽車或貸款新車代步，保護自己也保護家人，所以丁博認為先買車比買房來的重要。如果人生還沒有自己的房子且未存足買房的頭期款，則租房或暫住原生家庭及寄宿朋友家都是可以善用的資源，當存夠頭期款時，無論目前房市價格高低都應該先貸款買房，先求有再求好，因為自有房子是人生中籌組自組家庭最基本的條件之一；
- 寂寞是魔鬼：過度偏執於提升專業學識力與事業而長期忽略了交友、戀愛與婚姻，則相對地也失去了情感的寄託與依靠，在獨自一人與養老退休時期容易顯得孤老無依。因為孤老無依，所以社會上很多被詐騙感情與財富的中老年人層出不窮；
- 有限政府資源：政府資源極度有限且協助緩慢。人生要謹慎小心管理經營，避免落入惡性的無窮迴圈，避免自己再努力並加上國家資源協助也無力回天；

●明哲保身：並不是每個人都能夠有充足的原生家庭資源可供順利求學、滿滿的親情與財富，因此堅持提升個人學識力爲第一優先的考量下，以不影響個人健康而犧牲部分時間與精神來協助原生家庭是可以的，但若無法兼顧，建議明哲保身或求助於政府社福團體協助，未來有能力時再回過頭來協助原生家庭；

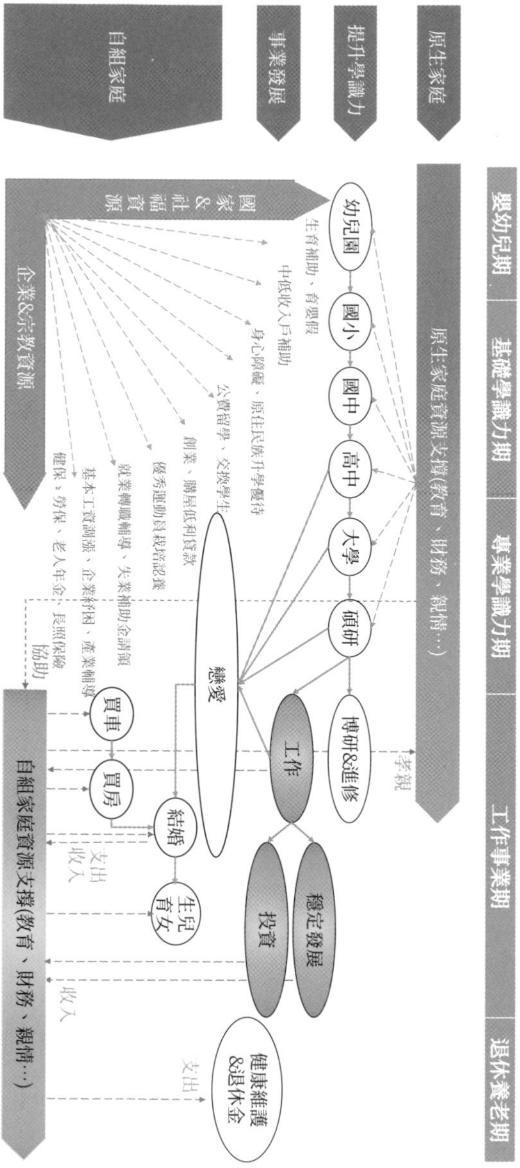

第三章 人生投資

「投資」是在某個時期犧牲一些人生資源，把這些資源冒風險地投入某個人事物上，並預期會增加未來現金流量價值。經由時間的滾動，在某一時間點換回原投入資源，高於原投入資源表示正報酬，低於投資資源表示負報酬。只有親人的愛是不求報酬的，所以爲人父母眞的很偉大。大部分的人一談到投資，直覺就是賺更多的錢，更直覺的就是投入股市，對人生管理而言，投資沒有那麼狹隘，處處都是在從事投資的行爲，只不過我們不知道原來這也是投資，也鮮少利用正確的投資管理邏輯針對每一項人生投資仔細盤算過。

—大自然法則與投資—

在大自然的法則下，生物所做的一切行爲都是以生存與繁衍爲主。在野性的世界裡，動物之間行爲的無非弱肉強食，適者生存。在人類的世界裡，無論是從事農作打獵、工業、科技業、服務業、貿易等等，大都以生存與繁衍的宿命爲主。丁博認爲在大自然的法則下，人類的生存與繁衍核心準則應是爲人類身心靈健康、文明進步與永續發展。丁博唾棄有錢人花很多錢只爲了去太空旅遊、浪費電力與製造設備只爲了虛擬的貨幣挖礦、熬夜荒廢學業玩電腦遊戲、過度重工業發展繼而污染陽光空氣水，並造成陸地海洋生態危機使得生物滅絕的行爲。

因爲時代的改變與進步，若以打獵作爲現代社會生存的工具不是會餓死，就是會窮死，死並不可怕，可怕的是不知道怎死的。因此改變自己以適應生存環境的變化，並有能力提供社會需求以交換所需，是祖先一直得以傳承命脈至今的主要做法。離群索居與反社會行爲的少數人群，勢必很難繁衍後代，因爲人類是以生活互助共生的生物團體。決定改變以滿足所需就是一種投資（I, Investment）的邏輯，決定改變之前會吸收並綜合相關資訊（In, Information）、評估擁有多少資源（R, Resource）、可接受的風險（Ri, Risk）、做出決策並執行以達成既定目標。亦卽個人人生投資能力（IAL, Investment Ability of Life）爲：IAL =（LAPe * In * R）/Ri，提供讀者參考，各變數屬性說明如下：

- 學識力：第二章人生管理描述到學識力的定義與管理能力、專業及個性有關LAPe = PM + P + C。卽使投資資訊再正確、資源再豐富，沒有一個好的學識力做出對的決策也是枉然。在大腦系統硬體平台內，學識力就是平台的大腦系統軟體，隨時有投資資訊進來，也隨時做出投資決策，運籌帷幄。如果時間就是金錢，健康才是眞正的財富，那麼學識力就是善用時間與健康最好的工具，也是快速累積財富的不二法門。學識力也可以同視爲資質，合計資訊與資源，是人生投資管理的三大基本能力；

●資訊：一覺醒來，每天都在吸收文字、影像及視訊的資訊，即使親友同學、老闆同事的表情也是。大腦過濾解讀報章雜誌、網路媒體、社群朋友等投資資訊後做出決策。決策能力端視於個人判斷資訊眞假、深淺、價值、重要性等等；

●資源：每個人可掌握的人生資源都不一樣，建議有多少資源則做多少事。想要利用極少量的錢賺取高報酬，從事高槓桿的投資相對的也必須承擔更多的風險，應盡量避免；

●風險：每一個事件投資與否皆需要考量風險，風險考量優先於投資報酬率；

人生投資的重要性跟第二章所述人生管理一樣，我們一出生就在管理與被管理之間交錯，等到我們成熟懂事後，自己才擁有自己的人生專案管理權。而「投資」這件事也隨時在我們生活上發生，所以人一出生就在投資與被投資之間打轉了，舉例如下：

●嬰幼兒依賴性：誰滿足我基本生理與安全成長需求，我就依賴撒嬌誰；

●養兒育女：生一個還是兩個、為何要生、為誰生、有否資源養；
●買房遷居：要不要買房、換房、買什房、跟誰住、貸款否、住哪；
●專業選系：公私立、薪水高低、性向興趣、社會或自然組、明星學校；
●身材健康：健康食品保養、運動瑜珈、整形、婚前健康檢查、羊膜穿刺；
●穿著擇偶：吸引異性、專業形象、婚友社、交往與否、認識雙方家庭；
●職業工作：離開故鄉及原生家庭外出工作、轉職、創業、薪資、路途；
●勞工保險：勞保退休金一次領或月領、保險投保金額、勞工退休金自提金額；
●企業經營：產品開發、人力資源、擴廠縮編、二代培育、聘專業經理人；
●錢賺錢：存款投資標的，黃金、債券、股票、匯率、房地產；

—巴菲特投資哲學—

丁博在念專科時就開始接觸定期定額的基金投資，當兵時月領六千多，殘殘每個月定期定額五千元投入基金，最窮時身上剩台幣六元度一個月，也就是在軍中放假時還是留在軍中盡忠報國，善用軍中的伙食。後來升做班長薪資調整為一萬二左右，生活費稍有舒緩，最後退伍將基金全部贖回時，算一算一年十個月的投報率跟放銀行差不多，由此可見丁博當時還沒有把投資管理學好。後來出社會工作一段時間後，便直接將碩博士念完，在二〇〇八年七月博士畢業後，在十月時印象很深刻的一件事，就是在坐台鐵電聯車時，在廣播節目上聽到一位財金專家說股市現況就是：「遍地都是黃金，看你願不願意彎下腰來撿」。當時丁博沒有投資敏感度也沒有錢撿，因爲念碩士時入不敷出破產了一次，念博士時卽使有去學校兼課還是入不敷出又破產了一次，主要是因爲唸碩士之前就結婚生子，家庭資金不足的情況下還得跟長輩借支支應。後來二〇〇九年存了一些錢，專心看了四本投資理財的教科書、十二本巴菲特書籍，正式邁入股市，丁博不是天才，也跟常人一般，但因爲懂得持續提升學識力，所以一路走來，成爲了人生專案管理專家。

巴菲特是公司基本面分析的專家，過去丁博所看過的巴菲特相關叢書的投資觀念，資料衆多很難全部含括，僅列舉供讀者參考，「↓」符號則衍伸至投資人生的管理思維：

- 投資就是經過完整分析後，認爲可以確保本金的安全，並能得到令人滿意的報酬。↓人生中任何一項的投資都應該要分析規劃，謹愼投入資源。獲利十倍而風險也十倍，是一種賭博；
- 不追高殺低，忽視短期價格變化。↓不要盲從，要相信自己，堅持做對的事，把自己抽離自身的環境，從旁人的眼光看問題，且不需要理會短視及避免投資價值低的人事物上；

● 觀察企業全貌，買一家公司而不是買股票。↓如同在眾多的異性朋友之間選擇戀愛對象一樣，不是只在乎身高體重顏值，而是要觀察對方的家庭背景、個性習慣、學識能力等全貌資訊後再擇一認眞交往，如此結婚後才不至於離婚收場；

● 嚴守操作紀律。↓善用人生管理卽投資邏輯，按部就班，穩扎穩打實現心中的人生目標；

● 過去五年的財報應占選股考量的70%。↓值得深交的朋友，都需要時間來證明人品。而且卽使是非常好的親友，有金錢利益衝突時，仍容易起糾紛。親友之間關係單純比較能維持長久；

● 別讓情緒影響思維、我們的敵人就是自己。↓別在乎過去不快樂或遺憾的人事物，也別受外力干擾心情，堅定心智努力達成自己規劃設定的人生目標；

● 沒有持股十年的把握，就連十分鐘也不要持有。↓人生無非是一場最長的投資競賽，尤其是在提升學識力及家庭經營階段。對買房、結婚、生兒育女的投資打算沒有十足的把握，情願再延長一段時間來觀察；

●建立來源於知識的自信。↓努力提升學識力，確立自己是優秀的人生專案管理經理；

●與其讓自己睡不著覺，不賺錢也罷。↓身心靈的健康才是眞正的財富；

●以合理價格買進好公司，比以好價錢買進平庸公司好多了。↓俗話說的好：作對的事比把事情做對來的重要。屈就的心態會造成人生的專案品質與目標大打折扣；

●我們應把自己當作企業分析師，而不是市場分析師或總體經濟分析師，更不是證券分析師。↓把自己當成人生專案管理經理，先管好自己，等到自己能力足夠時再協助管理原生家庭，這時所有親人都會願意聽從專家的人生管理與投資邏輯；

●我買股票時總是假設股市明天就會關門，五年之後才會重新開始交易。↓培養學識力與建立自組家庭雖然要花費很久的時間培養與經營，卻是人生投資報酬率最高，複利滾動最強的標的；

●在你的能力範圍內投資，重點不在範圍要多大，而是你如何界定範圍。↓人生資源有限，量力而爲經營人生，過與不及的思考言行都不是合適的人生管理與投資模式；

●聰明的投資人連打盹都能賺錢。↓評估人生可掌握的資源，善用學識力，在低風險前提下將資源運用極大化；

●做檢定，不做預測，數據可以有效確定投資準確性。↓數據會說話，善用人生管理與投資工具，兼具量化與質化考量。切勿盲目跟從，例如媽寶或股市名嘴；

●公司應維持高股東權益報酬率（ROE, Return On Equity）而非追求高成長。↓ROE計算是看出一家公司基本面是否穩定成長最好的量化指標，意味著人生任何人事物的投資都盡量以技術管理工具來數學化衡量，例如上一章節的表格化比較，而不是以意識形態、感覺、人云亦云、胡思亂想與情感、關係深淺、暴利下隱藏著高風險等等來影響決策；

●配息與盈再率是地雷股的照妖鏡。↓人生必須不斷的投資與進步，不投資不進步的人生猶如一灘死水；

●產品經久不變或變遷過速是投資大忌。↓即使出社會工作，薪資穩定，不代表就能安穩過一輩子，還是要持續進修自己，隨時等待機會的到來。俗話說：「生於憂患，死於安樂」。眼光放遠是投資的基本觀念；

●技術指標錯在倒果為因。↓前人投資成功之道、歷史數據及技術分析工具只能僅供參考。千萬別以為學得一手技術分析工具，便信心百分百想在股市叱吒風雲。我們還是要專注提升自己的學識力，方能夠有效判斷各種投資資訊，在人生的路途上，父母與親友的建議都只能參考；

●計算合宜的買進價格能改善追漲殺跌的偏差。↓數據會說話；

●景氣循環股要高耐性順著景氣，買循環股一定要買龍頭股。↓敦促自己要適應變化的人生，人窮志不窮，要做就要做到最好，與時俱進自然會達成人生目標；

●要寫投資日記，並從別人的錯誤中學習。↓時時刻刻反省、檢視人生專案管理及人事物的投資中有那些疏忽及不當的言行作爲，持續修正以立不敗之地；

●公司經營兩大面向：獲利能力參考損益表，償債能力參考資產負債表。↓如同人生專案經營的兩大面向，管理及投資。人生投資的兩大面向爲學識力與自組家庭；

●六點選股準則：體型夠大、過去獲利能力是否一致、ROE>15%且低負債、財報無異有良好誠信的經營團隊、事業單純、會計算買入價格。↓學習正確的人生投資要領；

●當別人貪婪時恐懼，當別人恐懼時貪婪。↓逆向思考，捨近求遠，學習正確的人生投資觀念；

●股市在絕望中低落、在悲觀中誕生、在歡樂中拉升、在瘋狂中消失。↓人生際遇起伏實屬正常，勝不驕敗不餒，遇到挫折問題，抽絲剝繭勇於面對解決，人生資源自然越積越多；

●風險來自於你不知道自己在做甚麼。↓把人生的時間、精神與金錢投資在吸毒、外遇、吃喝嫖賭、手機遊戲等對人生三大目標—健康、事業與親情沒有幫助的地方上，套用人生因果關係，對中年之後的人生將帶來極高的風險；

●一個人最好的資產就是自己。↓投資自己的報酬率最高—學識力，誰也拿不走；

在本書中僅提供投資觀念，不分享技術分析，有興趣的讀者可自行至圖書館借出技術分析叢書。在選擇合適的公司股票上，丁博會參考巴菲特條列的價值評估方式去選股，也曾經利用Office軟體連結網頁上股票公開資訊，篩選合適的股票，提供讀者參考：

●過去五年平均ROE＞15％，或者ROA＞10％；

●P／E本益比小於12，大於40賣出；

●每年每股稅後EPS獲利至少達到2.0元的水準；

●股價淨值比小於2；

●公司上市後淨資產收益率連續三年顯著超過10％的股票；

●單日成交量大於5000張；

●持股不超過5檔，單一檔比重應低於1/3；
●自由競爭下取得該產業第一名地位的企業；
●跨國／經久不變／獨占／廣角至少具備一項；
●盈餘再投資率低於40%佳，不超過80%；

—人生投資管理—

學習人生管理與人生投資，猶如身在人生這個武林中，左手持倚天劍，右手持屠龍刀，加上自己的學識力便能身爲武林高手縱橫天下。經營投資人生就是掌握既有資源，不斷地一再累積資源，一再投資。人生如逆水行舟，不進則退。當自己存了人生第一桶金而別人相對賠了一桶金時，其實你是贏了兩倍桶金。當眞人生已無能爲力再進步時，切記守成持穩勿躁急，沉澱規劃後再出發。

丁博認爲每個人都應該具備著三種專業能力，卽職業上的專業、投資上的專業及家庭教育上的專業。另外，學識力內的倫理道德修養表現出個人在投資專業上的心理建設與人格特質，意卽不是所有人的素質都適合從事任何的投資種類，以免貪字頭上一把刀，引火自焚。而且通常工作經手的金額越高，貪心的引念越強，如同魔鬼的吸引力，所以任何高階的工作都需要學習培養其工作上的專業倫理素養，如會計師、醫師、律師、財金分析師等等。上節我們利用巴菲特投資哲學鏈結人生投資管理關係，本節將正式探討人生投資管理。引入第一章人生眞諦有關人生正向資源的種類來闡述人生投資管理，如下所示：

- 國家資源之文化與語言CL：身爲英語系國家的人民無疑一出生便擁有了跨國貿易、國際期刊研究及自助旅遊所需的基本語言能力，相對的也是台灣每個學子都要學英文的原因。很多高知識份子有其資源與能力將小孩送到英語系母語環境成長，自有其投資意義。但是也要小心國外文化的薰陶也同時影響著小孩的個性與三觀；
- 國家資源之教育NE：越先進的國家越重視全民教育，其科技與人文研究程度也最容易吸引全球頂尖的學生與就業人士前來，是一種正向的國家投資循環。相反的，不重視全民教育的國家，通常會衍生出很多反社會人格的百姓，並且一群負面的團體思維興起容易導致國家內亂不斷；
- 國家資源之社會環境SE；同樣的，越先進的國家其社會福利、社會安全及交通運輸工具、法律規章及衛生環境越好。所以移民的行爲本身就是爲了家庭及子女未來的生活環境所做的一種投資；

●家庭資源之基因G：優秀的基因要投資栽培，如同專業的運動員父母，其運動專業、經驗與體魄基因絕對值得投資在小孩身上，則下一代成爲成功的運動員顯得事半功倍。同理可證，富二代、政二代、影明星二代等繼承長輩一代等事業第一代的成功經驗、事業基礎與基因，都應該從小投資栽培小孩，若小孩長大自行抉擇要改變人生事業方向，也至少已具備一技之長；

●家庭資源之家庭教育FE：貧窮的父母大都伴隨著低落的學識力，藉由諮詢高學識力的親友或業者等外力與國家資源來投資培育小孩，仍有機會將貧窮的家庭轉富；

●家庭資源之父母學識力LAP：同樣的，父母低落的學識力仍可諮詢如補習班之外力或陪同小孩共學，提升小孩學識力。無疑，高學識力父母的讀書技巧、經驗與學識能力從小就可傳承給小孩，形成正面的投資循環，例如國英數；

●個人學識力LAPe：國家資源與家庭資源幫不上忙的，只好自求多福，自己幫助自己，只有優先投資自己，提升自己的學識力，才是最聰明的方向。個人學識力到什麼程度，擁有的朋友與事業夥伴就到什麼程度，所以自恃自己親友衆多而自己學識力卻低落的狀態下有難求助時，別奢望親友會有什多大的支持與資源提供；

●婚姻M：從人生的正向資源來看，原生家庭的親情關係是支持著個人成長資源源源不絕最主要的動力；相反的，從人生的負向資源來看，原生家庭的親情羈絆也是讓個人不得不一肩背起的人生債。所以無論處在什麼處境，都要跟父母、夫妻、小孩情感上保持良好的互動，因爲婚姻家庭是我們願意無怨無悔與投入最多資源的地方。在擇偶部分，切記仔細觀察對方，全盤考量，婚姻的投資可是傾全力投入的；

- 意外A：學識力不高，意外獲得的資源則保守或信託處理；若學識力高，則可規劃投資更高報酬的標的。意外失去的資源，幾乎都是投資風險未考量導致，要反省前因後果，下次不可再犯；

如果善用人生管理，則人生投資會是一種正向循環的獲利行爲，一切都是爲了達成人生目標，即健康、事業、親情。試想，如果人生只能活二十歲，但讓你二十歲前就擁有了所有夢寐以求的人生目標，值得嗎？如果富可敵國，但妻離子散，孤獨一人下半輩子，值得嗎？如果年老體弱多病，或者需要跟子女伸手要錢才能活下去，值得嗎？丁博建議人生投資管理重要性依序爲健康→學識力→家庭→事業→養老；

每個人都希望累積很多的人生資源，尤其是財富，因爲財富可以解決物質生活的問題、可以退而求其次自己買房自住避免婆媳問題、可以給小孩更好的居住環境與品質、可以自由自在過自己想過的生活或者財富自由等等。而且每年的物價指數及通貨膨脹變化也逼著百姓一定要將儲蓄再投資，否則每年存在銀行領單薄的利息相較物價與通膨的提升其實是賠錢的。丁博認爲幾種快速累積財富的方式提供給讀者參考：

●學識財：從國小至大學畢業約16年的時間，學習到一個專業本領，領一個固定的薪資水準，至少可以養活自己，稱作專業財。但專業財若能再加上管理技能，則遠遠超過專業財所得，卽學識力。或者擁有兩種以上的專業能力，成爲跨領域人才。自行或與工作夥伴創業是需要犧牲更多時間、精神與人生資源，並且面面觀成爲系統人才，所以也歸類爲學識財；

●管理財：人生管理學能，規劃判斷及決策處處影響著人生這條路順遂與否，例如選校選系、擇偶、買車買房、人際管理等等；

●投資財：投資是一種專業。財富投資標的很多，例如股票、黃金、房地產、創投等等，其中以房地產投資報酬率最高；

●家族企業財：憑藉著家族企業既有資源的供應，如虎添翼獲取高額財富；

●公司財：架構在學識力與管理能力，盤點選擇一家有前景的小公司，隨公司高度成長潛力，自然職位與薪資也同步快速提升；

●同心財：夫妻同心其利斷金，一條船上的人合作起來潛力無窮。相反的同床異夢的話，得付出相當大的代價，例如離婚後的財產分配、子女扶養權、性需求等等，丁博認爲離婚這件事跟原生家庭帶來的人生債同樣嚴重；

- 子女財：身心靈安定是持續維持事業基本的要素。投資養育子女不但可激發衝刺事業，也可以得到親情上的寄託，與保障老年生活；
- 偷搶詐騙：投報率最高，但風險也最高。因爲違反法律、違背良心、親友遠之，故即使成功獲得財富，一輩子提心吊膽，身心靈健康也已經長久失常而不自知，是最愚蠢的累積財富行爲，諸如貪汙與流氓亦同；

—股市投資—

丁博在股市業餘投資者的角色已經有十二年之久，只是一個平凡的散戶投資人，在這幾年當中一直奉承著巴菲特的投資邏輯，雖不能一夕致富，但也比銀行定存來的豐厚，因爲個性膽小謹慎，高槓桿性的投資模式如融資融券、選擇權、期貨從來不敢碰。一路走來，丁博認爲股票投資可以經得起九次失敗一次成功，但經不起九次成功一次失敗，意思是說：小額謹慎投資失敗九次知道這件事很難，所以會很在乎風險；九次都成功覺得所向披靡，最後一次就踩雷梭哈畢業了。

因爲衆多專家提供的投資概念說到底就是在提醒投資新手一件事—人性的弱點。好比在奧運羽球場上，兩個專業球員在廝殺，考量的是心肺與肌力、技巧、破綻、策略、軟硬體分析工具及背後團隊等等，而散戶投資人如同坐在觀衆席上吶喊的角色，也難怪長輩一聽到「股票」這兩個字，不是驚嚇就是遺憾，因爲他們的同輩或者自己曾經慘遭滑鐵盧。卽使在某個位高權重的名人、有錢人或者長者、老闆，仍然會在股市被慘電，原因無他，終究不是自己專業的領域。是財金投資專業領域的人，才不會像他們這樣無腦式的操作股票。投資學不教人性的弱點，但投資玩的是心理學，養套殺一直在股海發生，其實也是大自然的現象。從投資行爲與結果可看出及驗證個人人性的弱點，當然盡量吸取別人的經驗，不要自己當白老鼠，但是歷史悲劇事件還是會一直再發生。股海絕對是一個複雜系統，學識力低的人千萬別涉獵，亦卽沒有學過管理、個性有瑕疵、沒有專業職能，三者缺一的人，請直接跳過本節，不適合股票投資。

擁有專業的股市投資軟體操作的專家，其實他們的獲利對象不是散戶，是另一群擁有龐大操作資金的專家，專家鬥智才有高額獲利空間，奧運比賽的專業運動員是沒有機會在場上跟初學者對打的，若初學者也可以打奧運，那舉辦奧運就沒有價值了。散戶只是在專家對決中，另外意料之內犧牲的一群人。天外有天、人外有人，專家也是人，那專家怕什呢？怕天災、怕政府政策、怕戰爭、怕媒體、怕投資軟體失常或沒有防呆功能誤觸等等。

下列爲丁博對股市投資的一些看法，提供讀者參考：

- 長期投資：唯一在股市賺到錢的都是以長期投資的觀念而不是短期投機，而投機有賭博的意涵，會煩死自己；
- 不定期不定額投資：以前定期定額買基金的時候其實是一種懶人投資術，現在投資能力提升了才意會到不定期不定額買股票才是對的，選股、價格及操作策略都要自己掌握；
- 凡事要靠自己：市面上有很多軟體號稱AI看盤，或者名嘴、節目、社群等等提供選股方向。其實眞的有這麼好康，自己留著穩穩地賺就好，會分享的用意恐怕是醉翁之意不在酒，或者對他們來說只是媒體人的職業吧；
- 技術分析：可以瞭解，用來參考，但不要太沉迷；
- 量力而爲：頻繁買賣就是冒高頻率的投機風險，沒有量力而爲買賣就是冒以小博大的投資風險；
- 專業領域：選自己熟悉的產業來投資股票；

●超市與古董：長期投資如同在收集古董，收集時間越久越有價值；短期投機如同在開超市，商品快速進出賺微薄的差價。但古董也有可能收集到仿製品，超市進的貨也有可能貪小便宜進到瑕疵品或假貨。最好還是多學如何判斷股票基本面，尤其是財務報表；

●水能載舟亦能覆舟：過於美好的人事物越要小心漂亮的外表下，可能潛藏著危險。例如越漂亮的財報越要小心可能是地雷股；

●媒體炒作：別注重焦點，焦點都是炒作出來的。媒體是很多產業的工具，例如政治、商品行銷、基金投資、選舉等等；

●別貪心：投報率區間建議設定10%～20%，個股一個月漲30%需適時賣出；

居高思危是正常的投資邏輯，所以另一個重點就是——數據會說話，參考歷年來的股市崩盤紀錄，通常都伴隨著新高點：

●1989年：日本金融危機；

●1991年：波斯灣戰爭——第一次石油危機；

●1995年：台海飛彈1997年亞洲金融危機；

●2000年：網路泡沫化；

●2001年：雙子星恐攻；

●2001年：921地震；

●2003年：SARS／美伊戰爭；

●2008年：美國次貸金融風暴；

●2012年：歐債金融風暴；

●2020年：全球冠狀病毒風暴；

●2021～2022：全球冠狀病毒風暴與俄烏戰爭衍伸的全球大蕭條；

讀者可以上此免費網站選股：撿股讚http://stock.wespai.com/p/9320。當利用上一節巴菲特選擇出長久體質佳的公司策略，挑選出口袋企業名單後，丁博會再一一深入了解每一個公司今年的相關資訊與財務報表。因爲前面五年ROE的資訊沒有反映出公司最近的新聞事件。最後確定公司基本面良好，開始投入資源時採用階段性操作的分段買低法，即股價越低，則越買越多攤平，例如第一次買的價格已經跌10%，則第二次買的張數是第一次買的張數的2倍；若第二次買的價格又跌10%，則第三次買的張數是第二次買的張數的2倍，以此類推，股價越高則達到既定獲利百分比即賣出，僅提供參考。最後，請量力而爲，利用333法則將自有閒置資金分成3等分，以三成資金來買股票、三成其他投資標的，例如黃金或債券、三成定存以備不時之需。丁博認爲所有投資標的都適用階段性操作與333法則，當然相關參數可以自己實際目標調整，例如也可以設跌20%再買進攤平，投資方法與策略很多元，建議讀者還是應該多學多看，初期酌量投資。

丁博在多年的股市投資中很少設過停損，因爲只選基本面佳的股票，也有備用資金預防惡性攻擊，因爲個股基本面佳，所以跌越深反彈就越大，反而賺越多。後來隨著台股指數越來越高，巴菲特選股幾乎找不到好的標的，以至於後來的股票選擇以元大寶來—台灣卓越50（股號：0050）與台灣高股息（股號：0056）兩項ETF證券投資信託基金內含的股票來操作，一個是台灣權值股比重最高的50間公司，一個是以高股息爲選股目標的基金，提供參考。

—專業迷思—

對擁有豐富人生資源的人，在人生奮鬥過程中，一定經歷了許多大風大浪，犧牲許多寶貴的時間與精神，並且擁有豐富的成功經驗可供分享與傳承。但是也有許多成功人士最終遭遇破產，窮途潦倒。成功擁有財富之後，守成反而是人生的另一個考驗。往前衝習慣了，不那麼衝反而全身不自在；當老闆頤指氣使員工慣了，聽不進去老臣的進言也是正常的。通常財富越多、名聲越大、權力越高的人越有其專業優越性，言行越不容許被質疑，意即傲慢。跟學識力不同的是，傲慢的人缺乏倫理道德與修養，這在過去台灣五十及六十年代經濟奇蹟發展時期下致富的長輩更容易看出，例如二代接班子女的困擾、長輩對工廠產生的空氣或水污染視而不見、認爲逃漏稅理所當然等等。專業迷失的意思，丁博區分爲以下幾種：

- 研發迷思：具有專業的產品開發能力，但產品缺乏考量市場價值，這在學術及法人單位特別多，例如產出無市場價值的發明專利；
- 成功迷思：將個人在自身成功致富的專業領域經驗與財富，投入到陌生的領域而慘賠失敗收場；
- 趨勢迷思：邀請專家組成評估小組，擁有完善的分析與數據與合理性解讀，高瞻遠矚預期投入的資源的確爲未來N年急迫所需，但N年後事實證明預測錯誤，例如公共建設、蚊子館、法人或業界科專等等；
- 信任迷思：個人專業程度、學識、地位較低，對於名人、名嘴、有錢人、專家、教授博士、老闆等等所言，具有絕對信任與崇拜服從的思想偏差；

●職業迷思：在個人的工作環境及領域上經營的很好，但把相同的職業手法應用在不適合的人事物上所遭受的損失。例如奉公守法的公務員及工作環境單純的國中小老師，就較容易受騙於模仿法院或檢察官的詐騙手法；

●視覺迷思：指經由正式的穿著與高尚的言談舉止，或者營造合適的環境，達到說服他人投入資源的目的。例如老鼠會、直銷、宗教信仰、房仲等等；

無論如何，人生種種投資還是要靠自己做過功課才行，降低專業迷失可能造成的損失，最好的方式就是落實風險評估。在人生投資管理標的上，即使投報率再高、再好的親友推薦，丁博建議千萬仍別投資不是您專業熟悉的領域。媒體上的財經專家也只是一份工作，別太相信財金專家說的話。另外，像儲蓄保險或者是健康醫療保險，也都是一種經過包裝由保險精算師精算過的理財產品，不可盲目投資。最後，丁博再跟讀者強調一次，任何的投資一定要選擇適合自己的個性、學識力及堅守投資準則與道德操守，完全掌握投資資訊後再行決策，切勿漠視背後的投資風險。

不管遇到什問題，要「超越專業」不難，難的是自己做了多少功課。例如很多家裡的電器與水電故障的原因大部分都是塞住、鏽蝕氧化或接觸不良導致，自己上網爬文尋求解決方式，學得簡易排除技巧又可省錢，比重新買一台冰箱或洗衣機來的超值幾百倍，這也是一種人生投資阿。從最低階的維修到高階的醫藥專業，每個人都想賺你的錢，卻沒有誰的解決方式一定是最佳的，所以貨比三家絕對不吃虧，能夠自己解決問題的成本才是最低，投報率則有無限想像空間。

第四章 人生永續

前面三個章節是依序人生觀念↓人生管理↓人生投資的精神來闡述人生管理學，人生既然是個複雜的專案系統，便不會有簡單的問題卽可撼動人生專案經理這個角色或者改變一個人的人生。第二章內人生管理引導我們面對人生問題時針對某個單純的問題應該有什觀念與作爲，而其中闡述的系統思考邏輯則是更進階地解決人生複雜問題的觀念與方法。因爲眞正的複雜問題卽是系統問題，而要具備系統問題解決能力，需要先學習管理，也就是說，在國中小學學習管理之後，高中學程便應導入系統思考學。高中學習完系統思考學後，對大學專業學程的學習發展有極大的幫助，因爲普遍很多大學生都不知道大學四年專業學程爲何而學、學以何用，學用之間對職業、日常生活與未來自主研究的差別。如果讀研究所還要教授提供研究題目，那大學專業學程一定沒學好。

人生是現實殘酷的，相對也是美好善良的，端視自己爲了自己的人生努力了多少，卽使十分努力掙得許多令人稱羨的人生資源，不懂得守成、分配、投資等等運籌帷幄，也只可惜了這努力一輩子的人生。繼邁向成功之道後，守成之道是次難的課題。第一代將家族

事業傳承給第二代、承認自己老了將家庭財務交給子女打理、提早做財產管理以節省龐大的遺產稅、將事業交給專業經理人等等議題，都不是短時間可以辦得到的，而是要有遠見地長時間布局人事物，爲了能讓子女繼承著自己的人生資源，繼續經營他們的人生，所以系統問題需要時間解。

既然人生公式中的人生目標是多元的—事業、健康與感情。相對的，人生債主要也產自於複雜的人生問題之中，人生債絕不會是單一問題產生的。試想，沒錢頂多找工作賺錢，怎會搞到搶銀行；失戀頂多另找一個，怎會搞到情殺；信佛頂多念經追求心靈的平靜，怎會人財兩失，所以系統問題需要尋求外力解，自己都頭腦不清楚了，何解？人生斷片的原因有很多種，解法也很多元，讓我們來經由學習本章人生永續，解開自我人生複雜問題的枷鎖。

—系統思考—

在第二章人生管理中，談到了系統思考之七個盲點與十個系統基模，七個盲點應用在人生管理上已有描述在第二章中，簡述如下：本位主義、歸罪別人、缺乏整體思考的行動、專注於個別事件、對緩慢而來的致命威脅視而不見、經驗學習的侷限性、高估管理團隊的效率。七個盲點導致惡性循環性質的十大系統基模，應用在人生管理描述如下：

●反應遲緩的調節環路：調節環路指的是在一個系統的循環流程中，加入一些改善因子，使其系統的運作更加流暢。如果系統的運作特性原本就遲緩，則投入高效的改善因子，反而會造成不穩定的系統樣態，亦卽過與不及的改善措施反而會造成反效果。例如在家庭系統中，強烈的要求夫妻對方立卽改變不好的生活習慣是很不智的行爲，因爲習慣來自於日積月累的養成；

●成長上限：一個會自我增長進步的環路，經過一段時期的成長或擴張之後開始慢下來，終至停止成長甚至可能加速衰敗。跟提升學識力與累積人生資源一樣，每個人都會有其上限，當個人學識力無法解決或者人生資源無法再增加的情況下，退一步海闊天空，請教諮詢，根除限制原由，沉澱後再重新出發；

●捨本逐末：解決問題常見治標和治本兩種方法，治標方法短期內可以快速見效，但容易傷其根本，例如西醫治療癌症與急症，採用化療容易傷其體質。治本方法如同中醫長期治療方可見效，較適合應用在身體上的系統性問題，例如慢性病、減肥。當然也有些系統性問題是需要標與本方法同時治療。脫貧就是一種需要標與本同時並進的問題。在貧窮的家庭下，一方面父母以治標方式努力經營家庭與從事穩定收入的工作，賺取微薄的薪資提供小孩安穩讀書，一方面小孩則以治本方式努力提升學識力，未來從事高專業高薪資的工作，回饋照顧原生家庭；

- 目標侵蝕：既定目標執行過程中，發現現實與目標產生了差距，爲緩解差距所帶來的壓力，退而求其次降低品質與標準，而不是採取改善因子以達成目標。通常代表管理人員或目標的規劃與執行能力不足，得過且過與事事將就的心態；
- 惡性競爭：爲了贏過對手，即使長期緊張對立也在所不辭。通常發生在持續關係惡化的夫妻、婆媳及姑嫂關係，雙方性格都過於強硬，其實是得不償失的，婆媳關係惡化原因之一也是因爲夾在其中的男人缺乏溝通管理能力；
- 富者愈富：部門內兩個專案同時進行，會因爲有限的部門資源而競爭，只要預期某個專案價值更高或者更容易達成，就較容易爭取到更多資源，因而排擠到另一專案的成效。這在人生的同步工程上特別容易看出，因事業快速膨脹，導致需要付出更多的時間、精神與成本，忽略了個人健康與感情需求；
- 共同的悲劇：指許多小專案共同使用豐富的部門公用資源，長期無所節制與管制的情形之下，導致公用資源莫名的枯竭。家庭資源是有限的，生小孩是需考慮資源分配的，過去老一輩沒有節育與資源分配的概念，動輒生5~7個小孩，對小孩們而言的確是共同的悲劇；

●飲酖止渴：一種對問題短期有效的對策，但長期而言會產生越來越嚴重的後遺症，並使問題更加惡化。離婚、中輟休學、酗酒吸毒、啃老族、欠債避不見面等現象都是；

●成長與投資不足：組織的成長接近上限時，不夠積極的投入資源，無法有效的突破上限。工欲善其事，必先利其器。人生資源是有限的，任誰都是不足的，因此為達既定人生目標而求助於他人、社團組織與國家社福單位，是值得肯定讚賞的行為；

●意外的敵人：發展過程中突然出現了一個與自己有利益衝突的對方或事件。諸如小三、求學期間意外懷孕、小孩叛逆離家、親人車禍等突發讓人短時間措手不及的意外事件，更應該冷靜再冷靜並尋求外力諮詢協助，以防個人失心瘋的做出錯誤的抉擇；

管理的本質是共通性的，跟數學一樣，學得基本的理論基礎後，就可以應用在其他產業、科技與環境，管理與數學都是屬於大自然法則的一份子，十大系統基模是一種企業經營惡性循環的代表，用在人生管理中同質性亦同，相信還有很多人生系統基模可以提出，有待讀者與專家腦力激盪。丁博再提供幾點系統基模供讀者參考：

- 熔爐：家族企業親屬核心過於強大或者員工憑藉自己是老臣，以至於有才能的人難以出頭或被強壓禁聲，導致企業長期經營能力有限而日漸衰敗，終至讓所有人失去工作。在人生管理中，普遍發生在過於強勢的公婆主導著原生家庭及自組家庭的一切，讓有能力可以照顧好家庭丈夫子女的媳婦，反而孤立噤語無聲，長期沉淪在其丈夫原生家庭的觀念與環境中而日漸被同化；
- 貪心不足蛇吞象：小企業接到超大訂單，得來不易，決定增人擴廠，導致信用過度擴張同時，緩慢的訂單出貨量與收入卻填補不了支出，終至破產被收購。在人生管理中，未能量力而爲，過度膨脹付出自己的感情、財富與健康，終至身心俱疲，悔不當初；

前述的七個盲點與十大系統基模範例，用意在闡述導致人生債的一些系統問題，當思考提供系統解法時要注意風險管理，亦即評估解法所可能引發的副作用，這跟醫藥領域是雷同的。在系統思考學中，提供了上述基模解法的一些觀念，如同大自然法則一樣稱爲「微妙的法則」，丁博在下方做一簡要註解，描述如下：

- 今日的問題來自昨日的解：系統問題原因需要追本溯源；

- 愈用力推系統反彈力量愈大：表示系統問題的剛性太強或原因不只一個；
- 漸糟之前先漸好：將惡性循環問題改善至開始進行良性循環，必須先觸發一轉折點。意即大事化小，進而小事化無，繼而無事一身輕，終至家和萬事興；
- 顯而易見的解往往無效：對系統問題來說，顯而易見的解通常都是治標不治本的解。丁博就覺得交通首重安全，兩段式左轉立意很好，何必改來改去；
- 對策可能比問題更糟：找到錯的人做對的事，或者找到對的人做錯的事都是一樣糟糕。例如2024總統選舉找個媒體與金融界人士來擔任副總統人選，安內甘好；
- 欲速則不達：系統問題沒有一針見血的特效藥，除非不計一切後果；
- 因與果在時空上並不緊密相連：有的系統問題看不出時間與空間的相關性。例如祖先或原生家庭傳承下來的人生債。不是原住民朋友比較適合當運動員，而是因為對原住民而言當運動員比較有機會出頭天；
- 尋找小而有效的高槓桿解：尋求投資報酬率最高，投資風險最低的解。大部分的系統解只需要觀念引導，長時間善用專案管理技術監控執行進度與預期達成目標。但大多數身在複雜性問題的局內人會想獨自解決，不想要被當目標管理標的，因而解方大打折扣，這跟醫生配藥給病人，而病人自行當醫生斟酌用藥量一樣；

- 魚與熊掌可以兼得：一次解決多個因素導致的系統問題後，有可能恰巧解決另一個系統性問題；
- 不可分割的整體性：清楚定義系統問題範疇與變因，剝洋蔥是最好的分割釐清複雜性問題之方式；
- 沒有絕對的內外：有時會把造成系統問題的內外部原因，視爲內外部解法。解決之道沒有分內外，能抓到老鼠的都是好貓。例如與其跟小三爭論是非，不如跟小三的父母親友談談。例如要直接要求老公改掉壞習慣，不如委託小孩去跟父親講說這樣的壞習慣會影響我成長或過敏等等；

—複雜性問題—

資訊工程學科有一種技術叫做複雜事件處理技術（CEP, Complex Event Process），允許一連串動態的資料在儲存之前對其進行連續處理，根據「一組預先定義的規則」來識別有意義的物件或事件的組合，識別的方式可以是過濾、關聯匹配、聚合等模組技術。通常應用於網路詐騙、風險規避、AI人工智慧、物聯網、機器人和營銷決策等。對比在人生管理中，類似老婆在夫妻眾多的生活足跡及言行舉止與習慣下，自覺的觸發出老公有外遇的可能性。「一組預先定義的規則」意味著以參數化來對比是否符合事件的基本元素，資工學科在CEP事件的關聯主要有下列五種，丁博在下方引伸至人生複雜性問題的關係：

●時間性：動作A與狀態B之間依存著時間順序，即A→B。在人生複雜性問題的形成上，意味著長期持續累加的困擾與問題。結構性、系統性、陋習問題只能慢慢解；

●匯聚性：個體的聚合形成了整體性D，即A+B+C=D，其中C=AorB。在人生問題的形成上，意味著來至於多個因素匯集而成；

●層次性：動作A與狀態B各自可能有其層次關係。即A1→A2，B2→B1。在人生問題的形成上，意味著一層又一層的壓力與困境疊代著；

●依賴性：狀態B與狀態C之間有依賴或約束關係。例如B∩CorB<C。在人生問題的形成上，意味著要解決B問題，必須先解決C問題；

●因果性：C為果，A或B都是因。在人生問題的形成上，意味著事件互有因果關係。大部分都被果C搞昏到不知何因是A或B；

此外，丁博再加上以下幾種人生複雜問題的事件關聯：

●歷史性：長久以來根深蒂固都是這麼做A=A、B=B，也沒有科學基礎可以驗證其事件或觀念值得改變；

●震撼性：大腦疲乏或者受到某件高張力的事件影響使得A與B無限大，受到驚嚇導致問題；

●重複性：一而再、再而三重複發生的事件A+A+A+A……，使得原本不起眼的小問題變成了大問題；

●媒合性：A遇到C不會發生什事，但是A遇到D一定會產生問題。俗話說：「冤家路窄」；

●病因性：大腦系統本質異常或老化A≠A、A=C，自然累積形成的問題；

●誘因性：又稱觸發性，A只要遇到可令其偏執的人事物就會形成問題，例如貪嗔癡；

●無解：個人或問題核心已形成極封閉性系統，無依無靠，無法無天。如反社會人格；

由上述十二項可得知，每一項都有可能造成棘手的問題，甚至是多個項目合併導致的人生複雜性問題。以至於當大腦接受進入的多參數與多維度資訊超過能力負荷時，輕則錯亂而做出錯誤的判斷與行爲，重則釋出自我，丁博認爲這是一種大自然的催眠術。在大自然的法則下，歷史朝代更換的事總是一再重演、社會事件情殺仇殺總是一再發生、層出不窮的詐騙事件、離婚率一直居高不下、生育率一直居低不上等等，悲劇總是來自於媒合加匯聚的人事物，情殺總是來自於情感與金錢物質慾望之間的交錯。這些都是複雜性問題，而且普遍複雜性問題的主因之一是爲因爲人類是有情人，包含著親情、友情、愛情、師徒之情、憐憫之情、君臣忠孝之情等等。而且時代越進步，情境問題越複雜。化繁爲簡是複雜性問題最基本的解鎖原則，下面列舉一些範例來驗證解鎖上述十二項因素交錯縱橫產生的複雜性問題。

●眞實範例一：寂寞是魔鬼

A男僅國小畢業，十八歲便與隔壁村小一歲且不識字的A女交往結婚，育有三女一男，B男是最小的兒子。A男二十四歲便至漁港學修船鐵工焊接技術，三十歲與朋友合開船舶修繕公司，當時B男剛好出生。A男事業起步後家裡開始爭吵不斷，夫妻偶有暴力事件發生，十二年後雙方協議離婚，離婚後，A男自己獨居，但長期仍有繼續與妻兒聯繫，給予生活費用，也有認識多位離婚或未婚婦女，但都未有進一步的長期交往。直到A男五十二歲時，在宗教服務的機會下認識了一個從事宗教信仰的、不識字且喪夫的C女，兩人在情投意合之下逐漸有了同居的想法與規劃，進一步的C女遂慫恿A男出資購買國有財產局承租權的農地，一方面興建宮廟，一方面自住考量，一方面種植果樹，並要求A男借錢給她償還房貸，但是C女從頭到尾從來沒有出過一毛錢。前前後後A男共花了千萬元以上。最後，由於C女要求A男給予法律上的名分，男方遂把不願意的原因歸咎於A女不答應，C女找A女理論後，此複雜性問題才被正值二十九歲的B男掀開來，此時A男已五十九歲，事前A男的前妻與子女都不知道有這件事情。

解鎖重點：此複雜性問題牽扯到了感情、投資借貸與信仰，具備時間性、匯聚性、依賴性、因果性、媒合性及誘因性。感情與信仰是限制A男思維與言行舉止最可怕的枷鎖，讓子女怎勸也勸不回來，心中總是掛念著宮廟的神佛，對C女感情的虧欠，以及不捨果園的照顧。對B男而言，能拿多少錢回來就拿多少錢回來，與勢必要將父親接回來住的雙重優先考量下，在借貸方面先要求A男提出支付命令，很快便把C女的虛情假意揭開，讓A男認清C女的眞面目，並放棄住在宮廟的念頭；另外與三位姐姐採用親情的方式循循善誘父親回頭。是的，錢可以解決的問題都不是問題，但利益糾葛是破壞感情與信任的特效藥，當下也是即將揭開人事物眞面目與事件事實的時刻。最後，借貸的金額與投資的農地全數歸還A男，宮廟屬心意奉獻則歸C女，最重要的，A男重新回到原生家庭的懷抱中，前後處理時間也長達四年之久，說到底這事起因於「長期的寂寞」，才讓他人有機可趁，其A男的元配與子女們也要負部分責任。

●眞實範例二：健康第一

小陳成長在很單純的家庭，個性非常善良，父母都是從事中低階的工作，篤信佛教，從小對其小陳與兩位妹妹嚴格管教，小陳也非常孝順，凡事聽從父母的安排。父母於小陳長大後結婚前換了一間房子，並登記在小陳的名下，小陳結婚後生了兩個小孩，與父母親同住，此時小陳父母已退休。小陳父親退休之餘爲了打發時間，租了一塊農地務農，不料騎車路途中車禍，傷及小腦，精神長期異常。而小陳夾在父母強勢的家庭管理方式，處處干預小陳夫妻生活與育兒方式，讓小陳在父母與老婆之間精疲力盡地溝通協調，工作上也因個性太直、太憨厚而處處得罪人，長期吃鎮定劑，甚至有輕微憂鬱自殺的傾向。偶然間小陳接觸到了教會，讓自己身心靈得到了救贖與平靜，三番兩次前往教會當義工，但是卻反而從此不再拿香與拜拜，理由爲自己是虔誠的信徒。此後父母親無法諒解小陳長期固定向教會小額捐款，不拿香拜祖先的種種宗教信仰言行的牴觸，父母遂要求小陳將房子過戶還給父親，深怕小陳過度沉迷宗教信仰將房產也奉獻出去，小陳無奈之下，遂開始找房，準備搬離家中。

解鎖重點：此複雜性問題牽扯到了家庭教育、三代同堂、宗教信仰及家庭資源，具備時間性、匯聚性、依賴性、因果性、震撼性、媒合性、病因性。照人生管理觀念來看，人生目標爲事業、健康與親情。爲了個人身心靈健康而尋求宗教信仰的方式並無不妥。而因爲宗教信仰因素將事業內的房產財富貢獻出去則顯得愚蠢，因爲宗教信仰而破壞親人間感情更是愚昧。至於家庭氛圍惡化則是長期三代同堂，兩代之間的學識力皆不高所致沒有管理能力安撫及處理多方角色。後來，小陳諮詢了丁博，打消了買房及歸還房產的念頭，安撫父母的疑慮，再經過一段時間之後，事實證明小陳沒有過度迷信，將房產做任何改變，是父母親多慮了。期間小陳也積極的治療父親的精神病，避免引起更多的家庭糾紛，也不排除將父親送去專業療養機構照顧，並將更多時間與心思放在照顧妻小父母。有些問題與疑慮需要時間來證明，千萬別因一時的衝突做出遺憾終身的事，例如將房產過還給罹患精神病的父親，恐怕會是造成自己更多人生債的行爲。整件事情處理時間約莫二年，但是根本原因在於小陳的學識力尚難以做好管理原生家庭與自組家庭之間的權責問題，後續恐怕還是會有一些長時間累積產生的複雜性問題。

●眞實範例三：親情碰上事業點燃的火花

老李是個事業有成的企業家，兩岸皆有其企業駐點與銷售利基市場，爲人海派善於經營人脈，英俊瀟灑偶有一些桃花。育有四個千金，其老婆十八歲就跟著一起經營化妝品事業，對老李的桃花問題見怪不怪，睜一隻眼閉一隻眼，過著貴婦般的生活。四個女兒皆在老李的家族企業內上班。大女兒長期住在大陸負責大陸端的銷售市場，其他三位女兒在台灣總部負責營運。由於三女兒丈夫本身爲化學博士又精通外語，故請其協助負責外貿部分。三女兒丈夫的原生家庭富有，因某個原因想要賣一間豪宅，三女兒問老李是否想接手，女婿願以市價六折賣給岳父居住。不料，老李以貸款方式將房子承接後，再以市價九折賣出，因此造成女婿的不滿與女兒的難堪處境。隔沒多久，三女兒以父親企業經營手段過於海派、兩岸帳務不清以及女婿想獨立外貿部門，擴大國際市場等三個理由，新成立一家公司，並陸續將老李家族企業的商標、代理權等智財私下移轉至丈夫的公司。老李發現異常，父女感情與事業就此撕破臉。

解鎖重點：此複雜性問題牽扯到了家庭教育、家族事業及親情，具備時間性、匯聚性、因果性、歷史性、震撼性、誘因性。從因果關係來看，此複雜性問題在買房與賣房同時都有金錢與感情糾紛存在，在家族企業內也最容易因爲金錢與感情之間的拿捏不當，導致企業格局重傷。後來老李索性與三女兒私下和解，將企業資源一分爲二，一部分分配給三女兒與四女兒共同經營，一部分分給大女兒與二女兒共同經營，三女兒與父母從此不相往來，處理時間長達兩年。讓女兒各自經營自己的事業，也算是提早分配財產給四個女兒。在事業層面，丁博認爲老李的處理方式很適當，但在親情方面則零分，因爲失去了三女兒與四女兒等子孫的親情，這結果其來有自，老李年輕時忽略培養與老三老四的親情照顧。老李對三女兒是有情有義的，所以才會放過三女婿違法的商業行爲，期盼時間能沖刷隔閡，父女倆能夠盡釋前嫌，讓辛苦的父母年老時有機會還能夠含貽弄孫，過世前沒有遺憾。

●眞實範例四：長期抑鬱後的抉擇

小婷在家中排行老二，由於家境不好，國中便自己半工半讀直到大學畢業。在大學求學過程中也交了位班對男友。雖然男友家境普通，但大學期間對小婷關愛有加，常常帶她出去旅遊、逛街購物與開車載其上下課。畢業後雙方都在相同領域而不同公司發展，雙方於交往五年後結婚，與男方原生家庭住在一起，因男方大姊失婚，故也回原生家庭同住。男方原生家庭對物質生活與品味比較重視，願意貸款按月償還來滿足物質生活所需。又五年後，小婷憑藉個人努力成爲公司副總，而男方爲另一家公司小主管，夫妻雙方日常生活品味相同，唯獨小婷對大姑長久累積不滿，主要原因爲對公婆不孝順、沒有工作、也沒有照顧到自己婚姻中的女兒。小婷常常跟丈夫抱怨大姑如何的不是，長達16年之久，男方只能無言以對，畢竟自己的姊姊住在家裡一起生活是母親的心願，也沒有足夠的錢另外再買房。最後小婷決定自己貸款買房搬出來住。

解鎖重點：此件複雜性問題牽扯到了家庭教育、親情、三代同堂。具備時間性、層次性、依賴性、因果性及重複性。同住一個家庭是最容易因爲某個壞習慣或不好的言行導致衝突，更何況彼此之間缺乏感情與血緣關係，婆媳與姑嫂是最典型的例子。男方原生家庭過度享受物質生活，所以長期缺乏人生資源，以至於大姑離婚後缺乏自住生活能力。男方也沒有能力協助自己的姐姐重新振作起來，在十大系統基模上是屬於共同的悲劇一類，原生家庭父母要負最大的責任。其次，小婷的工作能力與經濟能力高於丈夫，對丈夫遲遲沒有處理姑嫂問題耿耿於懷，對自己工作上的高度與態度的拿捏有誤施於自組家庭管理上，以至於小婷長期抑鬱的心情終於在忍無可忍之下自行買房搬出。丁博認爲男方始終沒有盡到身爲原生家庭與自組家庭的協調者，也過於站在原生家庭的思考邏輯對待小婷，當然小婷也過於在乎大姑的言行舉止，其實各自過各自的生活，沒必要碰觸到兩個家庭間無謂產生的火花。無論如何，小婷是值得讚賞的，因爲買房後她仍然願意接納丈夫至新屋居住，同時讓丈夫顧及公婆的生活起居，避免在自組家庭上一再產生其他的人生債，雖然小婷自己解鎖了，但自己要付出更多的人生資源—貸款買房。

●真實範例五：成功的乾兒子

A男出生在極節儉的家庭，下面有兩個弟妹，母親不識字從事農作，父親在國營事業上班，需要全台灣各地輪動工作。由於A男長期缺乏父親在身旁教導，一直以來都是由母親管教。但由於母親辛苦務農疏於管教A男，以至於A男國中開始叛逆、打架，弟弟也不思讀書，只有妹妹生性膽小，時常陪伴母親務農，是個聽話的女兒。長大後，A男全身刺青、也曾微量吸毒自行戒斷過。A男三十二歲時從事石板裝潢工作，經親友介紹認識一位女生，交往不到一年便結婚，婚後一年便懷孕生下C男。好景不常，婚後兩年雙方便協議離婚，C男歸A男撫養，親生母親從此也未再聯絡。C男從小與A男及祖父母同住，經濟及教育上幾乎由祖父母承擔。十年後A男因職業病罹患肺腺癌，再經過兩年後因復發肺腺癌而去世。此時C男的撫養是一大問題。

解鎖重點：C男的撫養是一件複雜的問題，牽扯到了母親的監護權、隔代家庭教育與親情。具備時間性、依賴性、因果性。C男已經無父無母，只剩下疲累的祖父母，若讓祖父母再養育C男，恐將再複製一次A男的人生。因此，A男妹妹的丈夫B男跟祖父母商量，將C男接回家照顧管教，與其他兩個兒子有伴一起成長，而且彼此都是從小到大的。此時正逢C男的親身母親改嫁，無意爭奪C男的監護權，於是經由法院領養程序，B男遂將正值十二歲的C男接回家照顧，進行了三年的課業與心理輔導，將過去小學期間遺漏的課業補齊、心理素質與生活習慣改進，爲期剛好爲國中階段，後來也順利的考上國立高中，高中時期則讓其回去跟祖父母同住，每個禮拜B男夫妻倆也都會固定時間回去娘家探望父母及聚餐。C男並無不良嗜好，也很清楚自身角色的重要性與肩負的責任，但還是需要有人在他身邊提點。

●知名社會新聞範例一：鄭捷

參考於維基百科，鄭捷家中經濟優渥，少年曾學習跆拳道四年，獲黑帶二段，其國中課業成績良好，當過班長及班代表，沒有不良紀錄。國中畢業後考進板橋高中就讀，畢業後就讀國防大學理工學院動力及系統工程學系，二年級下學期因1/2學分未取得而被退學，而後轉進東海大學環境工程系二年級就讀。鄭捷於2014年05月21日台北捷運板南線進行有計畫的無差別犯罪，四人死亡二十四人受傷，槍決死於2016年05月10日，年僅二十三歲。一審判決書中提到鄭捷曾在無名小站寫下立誓殺人的始末，與多篇文章模擬台北街頭與捷運大規模屠殺。在網路上撰寫的小說都是圍繞在殺人劇情與場景。

鄭捷小時候的跆拳道教練認爲其家庭教育出現問題，父母對子女疏於關心。國中與大學同學說鄭捷人緣不錯，但是每次與他聚會都會談到奇怪的殺人計畫，遊戲聊天室內也常提及要到捷運殺人，國中喜歡小說「大逃殺」。鄭捷父母表示鄭捷被國防大學退學後才性情大變，鬱鬱寡歡自此沉迷於網路電玩或撰寫奇幻小說。

解鎖重點：台灣重大的社會事件發生，似乎僅讓專家學者、媒體與政府官員對其檢討反省罷了，社福制度的完善，敦親睦鄰的關懷依然不足，因為國家資源眞的有限，而問題家庭無限。

丁博沒有資格談此事如何解鎖，只能談談感想。此件複雜性問題牽扯到了家庭教育與國家教育。具備時間性、層次性、因果性、重複性、媒合性、病因性及誘因性。丁博認為沒有人是無法感化的，人的大腦在過去長期受到人事物環境的影響，本來就會隨著時間長短固化成自己的性格思維，年紀越大越是需要更多的時間來改變，這是教育的本質。沒有留鄭捷一命予以教化是因為犯的過錯太嚴重，遠遠覆蓋了自己與其父母放棄求生的本能與意願。犯下這樣嚴重的過錯，家庭教育絕對是最大的過失。其過失為過度安排專業學能，過度放任興趣與嗜好。跆拳道本身是一種防身與肢體對抗的運動，但任何強健體魄的運動，倫理素養等心理教育的灌注絕對是優於運動武術技巧的培育。另外，個人認為電腦遊戲公司與國家要負一部分責任，即使電腦遊戲公司聲稱遊戲內容無暴力殺戮內容，而國家則是對遊戲內容是否適合未滿十八歲以下孩童無所限制規範。這也是前面章節丁博倡導的，國民義務教育建立的倫理與道德規範來不及為專業素養培育期與出社會之後的成年人帶來堅定穩固的管理學。所以人生管理能力與系統思考學應考量納入國民義務教育與專業素養培育期中，方能在出社會前完整建立本書中所謂的學識力，人生一路走來會更順暢。

●知名社會新聞範例二：張彥文情殺案

張男，二十九歲，畢業於建國中學及台灣大學，工作於會計師事務所，交往過的三任女友皆從網路認識。林女自幼出身單親家庭，由母親撫養長大，畢業台中教育大學，於台大附設幼兒園實習，案發當時二十二歲。張男與林女在網路上認識五個月後便開始交往同居進入男女朋友階段，同居房屋由張男支付房租，每逢假期幾乎會外出旅遊，從同居開始至案發期間這六個月張男共花費五十萬台幣。同居期間林女慢慢發現張男個性容易暴躁，更時常翻閱林女手機通聯與筆記本，甚至從發票金額與時間點推算行蹤，並懷疑林女有其他交往中的友人D男，林女遂搬離同居住所。因彼此相處模式、個性差異及經濟負擔等問題，兩人持續感情陷入低潮，張男於是安排日本旅遊挽救兩人關係，張男卻於旅遊期間兩度強暴被害人，並拍攝裸照。雙方回國後協議結束彼此關係，張男又恐嚇手中握有裸照，需再發生一次性行為。張男深知兩人感情已無法好轉，遂買刀預藏談判復合不成時將林女殺害，將近四十七刀當場致命。

解鎖重點：此件複雜性問題牽扯到了家庭教育、愛情與財務糾紛。具備匯聚性、依賴性、因果性、震撼性、媒合性、病因性、誘因性。這個悲劇完全吻合了媒合與匯聚的要素，年輕缺乏父愛且經濟欠佳的林女遇見霸氣有錢的台大會計師，是導致短時間快速媒合成男女朋友並同居的主要原因。否則，心智成熟的女生怎會尚未看清了解一個人的個性與家世背景，便急著與對方進一步戀愛甚至同居。心智成熟的男方怎會在性與情感上瞬間沉溺，並無所不用其極取悅女方。張男無非喜歡林女勝於愛自己，連最後喜歡自己的兩分也不見了，被情感上的挫敗折磨到超過自己的腦負荷，無所適從做出合理挽救的行爲，也不知道該諮詢誰，分不清楚是因感情、性需求或是花太多錢欲殺害她，答案當然是都不需要，但是衆多因素合起來思考時，大腦系統錯亂就釀下大禍了。無論學識力與事業財富多高，正常心智的人突然喪心病狂失去理智的引線大多只有感情這一條。這也就是爲何宗教信仰與情感是無價的，願意讓人付出所有一切身心靈也在所不惜。的確，張男已經成年很久了，不應該再怪罪家庭教育教的不好，而是應該訴諸於長年學業與專業第一的人，爲何經不起感情上的挫敗，這又讓丁博碎碎念再強調一次國民義務教育上的道德與倫理眞的離成年人太久了，輕而易舉就讓魔鬼入侵迷失自我。

● 知名社會新聞範例三：歷史重演

這是110年8月10日發生的新聞，雲林縣斗六市一名二十四歲男子由於多年前發生車禍，身體狀況一日不如一日，因腿部褥瘡恐面臨截肢手術而產生尋短念頭，哀求父親替他結束生命，六十五歲的父親遂持水果刀一刀刺向兒子心臟，隨後自首。

台南市佳里區三十歲李姓男子患有思覺失調症，109年9月才從療養院接回家，由五十二歲母親全職照顧，李男疑幻想母親要傷害他，10月23日凌晨雙方發生口角，李男遂持榔頭、水果刀剪刀及日光燈管等凶器，使命毆打殺傷母親，送醫後不治。

110年6月24日，新竹縣芎鄉三十一歲患有躁鬱症並領有身心障礙手冊的葉男自行報案稱將長期失智行動不便的八十六歲祖母殺害，並表示是幫祖母解脫。根據鄰里表示，葉男一家並不好過，父親很久就因酗酒導致肝硬化過世，離異的母親也沒有同住，偶而會拿錢給祖孫經濟支援，前幾年還會看到老婦人撿破銅爛鐵變賣。

解鎖重點：這三則人倫悲劇不是什重大的社會新聞，但卻是常常發生在社會上的事。這樣的人倫悲劇，對一個先進文明的國家是一大諷刺，缺乏社工人員與低薪兩項因素代表著國家政府忽略了人民基本生存權利。另外，鄉里長的公權力介入與引進更多的社會資源來協助這些高危險低資源的里民，應該還有更多的發展空間。這些人倫悲劇牽扯到了家庭資源、學識力與疾病。具備時間性、匯聚性、依賴性、因果性、重複性、病因性、無解。

通常，無解的問題普遍來自於病因性、基因與意外，而感情與宗教信仰若過於偏執則也會導致無解的狀態。雲林縣案例的車禍意外幾乎是可以避免的，如同丁博前述，開車總比騎機車好，如同買個保險避免發生車禍後產生滾雪球般人生不如意事。台南市案例，問題的核心在於李男是精神類的疾病，應該交由專業機構去協助，無論是考量於親情或者財務問題，都不應該將李男接回照顧，這在風險管理上欠缺思慮，俗話說：「秀才遇到兵，有理說不清」。新竹縣案例，兩個身心靈有問題的人湊在一起，勢必早晚出事，這絕對是政府社福制度與鄉里長的疏失，他們極需要政府的協助。

●知名社會新聞範例四：林益世索賄案

台灣於101年6月爆發的政壇索賄案，由時任國民黨副主席及行政院副秘書長林益世擔任立法委員及國民黨政策委員會執行長期間，以協助中鋼下游廠商續約為由向其下游廠商索賄收取一百九十三萬美鈔的不當利益，擔任行政院副秘書長時再行強索八千三百萬元台幣，其林的母親、林妻、妻舅父也涉入其中。110年台灣高等法院更一審判決依公務員假借職務上之權力及機會，故意犯恐嚇得利罪，判處四年十個月，並沒收其犯罪所得。

解鎖重點：這起貪汙案牽扯到了家庭教育、學識力與結構性犯罪。具備時間性、匯聚性、層次性、依賴性、震撼性、媒合性、誘因性。結構性問題起源已久而自成一格，即時大破大立只會帶來毀滅性的崩潰，處理公務員集體貪汙結構性的問題通常要先立下制度與規範，並且分期實施，例如寬鬆期、警告期、嚴格執行期。丁博覺得身具高學歷、高官、高聲望的政治人物貪汙犯法判決如此，過輕了。人跟人之間的信任需要長期的相處之後才能建立，而破壞信任只要一時片刻卽可。作爲百姓官，道德修養考量絕對優於專業能力；官員的言行絕對優於行政制度與流程規範。台灣的民選制度也有待更完善的立法，將不適任的人格與道德在競選資格前先行排除。一則爲官環境之改善，一則求官前之改善，方能完整改善這結構性貪污陋習，人在江湖才不會不得不一起沉淪。

—斷捨離—

丁博很喜歡練瑜珈，因爲個人的筋骨體質不佳，練瑜珈是一種身心靈的涵養，推薦讀者每週上課二次，每次1.5小時以內。「斷捨離」是一種瑜珈理念，字面上的意義爲斷絕不需要的東西；捨去多餘的事物；脫離對物品的執著，對居家環境的整理很有幫助，是2010年日本的流行語。本書中將斷捨離引申至對人生管理上的解讀，並應用在複雜性問題上的抉擇。在人生管理上的解讀爲：爲了將複雜事件單純化與抑制惡化，所進行的絕斷、割捨與分離人事物，而「物」指的是環境。其中，以嚴重程度大小來區分的話，斷絕是最嚴重，分離最輕微。斷捨離之間是可以視情況拿捏的，而決定割捨或分離不代表同時必須絕斷。學習斷捨離是因爲以下幾點考量：

- 資源：人生資源極度有限，必須做一些投資價值性取捨。如何運用人生資源使得人生價值最大化，跟企業經營訴求之股東權益最大化是相同的道理；
- 生理退化：大腦與身體終究會退化直至死亡，心有餘而力不足時得適時抉擇放手；
- 時間有限：扣除五十五歲以上老年與二十五歲以下青少年時期，人生精華時期區區三十年不到，而要完成的人生目標隨著年紀越大恐越趨艱難；
- 學識力有限：有限的管理、專業與道德修養能力；
- 人需要自私：即使親兄弟姊妹與好友，也有自己的自主家庭需要照顧；
- 關係退化：隨著時間與距離的拉長、意見不合爭吵等等，使得夫妻或親友感情退化；
- 系統性退化：上述因素結合的綜合性退化導致的複雜性問題，以至於需做出相對的斷捨離決定來減少人生債；

在人生專案有限的時間等資源下，做好目標管理及價值規劃是應該的，遇到該絕斷、割捨與分離的抉擇時應勢在必行，否則蹉跎的是自己的歲月，延宕的是自己的人生專案目標，需要走更長遠的是自己修行的這條路。丁博認爲，不該決斷的事項有親情、學識力及健康，親情是心靈的寄託、學識力是人生管理與生存的基礎、沒有健康則人生便一無所有了。以下建議該斷捨離的人生事件予讀者參考：

●絕斷：

■婚後與前戀人的聯繫該斷，避免當有一方家庭或個人感情一時不順且寂寞難耐時，容易又產生火花；

■不適合結婚的對象該斷，參考第二章人生管理之觀察戀愛期與結婚家庭期之評估項目；

■模糊及糾纏不清的男女關係該斷；

■損友該斷；

■影響生命安全的人事物該斷；

■過於貪嗔癡等偏執的意念該斷。例如花心、熬夜玩手遊、購物狂、網路性愛與遠端戀情；

●割捨：

■無法滿足小孩基本成長及培育學識力的家庭該捨。例如惡劣環境、貧窮等等；

■長期無法提升專業價值與薪資的工作與職務該捨。例如品保、維修、美工等等；

■有罹患精神疾病、吸毒、無業、遊手好閒的家人該捨。例如可送去專業機構照顧。無業與遊手好閒則安排嚐試低階的工作，而不是任由長期居家閑散及父母供養；

■單戀一年以上的朋友關係。例如難以啟齒的對象及感受不到愛意的對象；

■嚴重影響親情與健康的人事物該捨。例如容易產生職業病的工作、長期在國外的工作、需要熬夜甚至生活作息不正常的工作。不良的居住環境或鄰居；

●分離：

■不負家庭責任的家人該離。例如經濟、教育、陪伴關心等等；

■長期言行暴力相向的家人該離；

■精神與生理皆外遇的家人該離；

■缺乏倫理道德的家人該離；

丁博過去在工研院做事時，有一次跟一位25歲左右悶悶不樂的女同事叫小樂談論心事（這位女同事因為父母打拼事業疏於照顧，在國小五年級時重度發燒痊癒後罹患了糖尿病），小樂說：「我跟男朋友是在大三認識的，最近在討論論及婚嫁的事，男朋友很早就沒有了父親，跟母親相依爲命，家庭經濟普通，他媽媽反對我們結婚，理由是因爲我有糖尿病，我不解糖尿病是可以控制的，對生小孩也沒有影響，爲何他媽媽要反對我們結婚，雖然男朋友願意忤逆媽媽娶我，但我覺得不顧家人反對硬是結婚這樣也很對不起他媽媽」。我說：「我自己也有小孩，也有地中海型貧血的基因，當初若我的老婆也有地中海型貧血基因的話，我們應該就不會結婚了。妳男朋友是單親，長期與母親相依爲命，結婚這件事帶給男朋友是一種介於親情與愛情之間莫大的困擾，他媽媽的擔心也不無道理，你的身體狀況目前無虞，但誰能保證未來是否會對他們造成難以承受的負擔，除非男朋友家裡很富有，不必在乎這種病所衍伸的的醫療與照護負擔，尤其是若有一天小孩提早沒有媽媽所衍伸的單親問題」。後來我離職創業後，輾轉聽前同事說小樂後來毅然而然跟男朋友分手了，並且也認識了一位家境不錯的男生，在雙方家長皆祝福下結婚並生了兩個小孩。最後小樂的糖尿病未來會造成什困擾，也已經不再重要了。

—無解的問題—

這世上有許多無解的問題，也有科學與錢解決不了的事。從年齡上來看，四十歲之前我們人強馬壯，戰鬥力旺盛。四十歲之後慢慢很多事情不再如意，也可說是中年危機，老年就更不用多說了。其中經由時間慢慢催化而不再如意的事包含有：

- 入不敷出：年輕時賺的錢可以養活自己，父母退休後漸漸需要子女奉養。或者個人的學識力不夠高，薪資水準長期堪用，已禁不起通貨膨脹與物價指數的追趕，但還有幼小的子女需要養育；
- 工作不順：學識能力已經不起社會需求而淘汰；
- 慢性疾病：過去怎熬夜、喝酒應酬、抽菸檳榔、大吃大喝等敗壞身體的歲月，開始顯現在身體與大腦的一些慢性症狀，例如肝病、糖尿病、肥胖、高血壓、頭暈頭痛、失眠等等；
- 子女學壞：長期忽略子女學識力，致使子女長大後學壞、流氓、作奸犯科；
- 更年期：覺得身心煩躁、魅力不再、做什事都不起勁也不順利、性無能、情緒起伏大、抗壓力變低、新陳代謝差；
- 頭腦退化：父母個性的固化與越趨老化越顯而易見的精神異常，已影響自組家庭生活。個人記憶力衰退、理解力變差、脾氣容易暴躁、反應差、被害妄想、禁不起責備及躁鬱現象等等日趨嚴重；

●夫妻關係惡化：性生活日趨減少，經由長期相處與衝突，夫妻甜蜜愛情不再，取而代之的是日漸冷漠，甚至有離婚的念頭；

●無伴無子：年老體弱，無依無靠，孤獨一人生活；

●系統性無解：遭遇上述項目三項以上匯聚事件。

無論遭遇什麼難解的事，切記個人健康遠大於親情、親情遠大於事業與財富。沒有了健康，享受不到親情與事業財富；沒有了親情，有再多的事業財富過的也是空虛的日子。切記，通常系統性的問題容易招致魔鬼，做出不恰當的事，例如小三、離婚、人倫悲劇、自殺、憂鬱或躁鬱症、免疫力失調症候群、精神失常。隨著年紀越大，遭遇不順遂的事越是要冷靜下來，甚至暫時離開人事物環境，思考如何處理，做好情緒管理，盤整可用的人生資源，退一步海闊天空，退一步避免徒增人生債。

—人生智慧—

維基百科上描述「智慧」的意義，智慧是高等生物所具有基於神經器官一種高級的綜合能力，包含有感知、知識、記憶、理解、聯想、情感、邏輯、辨別、計算、分析、判斷、文化、中庸、包容、決定等多種能力。智慧讓人可以深刻地理解人、事、物、社會、宇宙、現狀、過去、將來，擁有思考、分析、探求眞理的能力。智慧表示智力器官的終極功能，與「型而上謂之道」有異曲同工之處，智力是「型而下謂之器」。智慧使我們做出導致成功的決策。

上述的描述感覺起來比較像是在描述聰明的程度，而「型而上謂之道」比較像是將聰明用在對的方向與事情上。丁博認爲智慧不是一種綜合能力，也不只是上述多種能力集合而成，或者某種能力達到極致便是智慧，而智慧也不該是導致成功的決策工具。丁博認爲人生不可能每一個階段與過程都可以做的很完善與成功，以至於多少都會繼承或者產生人生債，這些人生債所導致存在於內心的疙瘩、遺憾、不滿、沮喪、憂鬱、失望、偏執、仇恨等負面的情緒與記憶。上述抑制著人生專案正向循環運作卽是礙念。消除礙念卽是智慧，對人生專案經營管理過程中能夠消除礙念卽是人生智慧，運籌帷幄人生公式卽是人生智慧，相信每個人都有智慧消除礙念，把時間精神與資源用來做人生更有意義的事，而人生如果能夠做到毫無人生債，就是一種達到極致的人生修行境界，意卽得道了。下列舉例那些是人生的礙念與相對的智慧：

●得不到的愛情↓放下忘卻過去失敗戀情婚姻的人事記憶，重新開始；

●過去的失敗↓將經商失敗、離婚、考試落榜等失敗化爲力量重新再來；
●無良親人↓原諒無知無識的親人帶給自己的人生債，並自求多福；
●苦病纏身↓釋懷病痛的由來，承擔苦楚，坦然面對死亡的到來；
●無窮憐憫↓適時行善，堅守個人家庭責任與義務，避免兩頭空；
●放不下的事業↓長期訓練及安排接班，適時逐步放手，回歸大自然養身；
●怨天尤人↓即使基因缺陷或遭逢意外，仍能感恩上蒼賦予生命，珍惜歲月與既有的人生資源，並堅強的活出自己；
●一再沉淪↓對過去人生犯的錯誤醒悟，重新做人，努力償還人生債；
●言行傷害↓說好話、做好事、存好心。害人及妒人之心不可有；
●貪字頭上一把刀↓安分守己，面對誘惑能堅守道德倫理，並將重心放在家庭身上；
●爭強鬥狠↓放下執念惡念及暴戾之氣，心存慈悲待人；

消除礙念有很多方法，描述如下：

●轉念：一種人腦系統自我訓練的方式，訓練自己想到礙念就移轉念頭，次數一多，時間一久自然就忘掉礙念；
●忙碌：讓自己更加的忙碌，沒有時間喚起礙念。換個環境讀書求學、參加社團活動也是一種好方法；

- 宗教信仰：尋求身心靈的平靜，但切記勿過度迷信；
- 提升正向力：心中常保美好的人事物與努力追求健康快樂的心理狀態；
- 解鎖：最好的方法還是提升個人的學識力，經由閱讀與學習充實個人智慧，從根本原因解套紊亂的心思，若能達到無我的境界，何來憂愁呢；
- 運動及藥引：跑步、打球、游泳、登山及瑜珈釋放壓力或服用鎮定劑；

—感恩的心—

在上述複雜的問題章節中，有幾個眞實範例是丁博的親身經歷，也因爲如此，才有這麼多的素材與心得經驗可以完成這本書。在念博士班的同時要去外校兼課，兼顧家庭經濟與養育兒女的責任，也必須在原生家庭有難的情況下挺身而出，與令人難以忍受的敵方嘴臉對簿公堂，並與學識力不高的父母爭執對峙，只爲了挽回辛勞一輩子的父親的心，並償還自己的人生債。另外，在已經有了兩個兒子的情況之下，心有餘力有足，與愛妻、父母親與岳父母溝通商量，趁小孩年紀還小願意配合，再照顧教養一位乾兒子，從此改變了他的一生。

期盼各位讀者，個人意識能改變家庭，集體意識能改變世界，只要我們願意，便可以如吸引力法則般改變任何事。丁博徹底改變了自己的原生家庭，經過長年的家庭氛圍培養，讓父母重新登記結婚並與我同住一個屋簷下；照顧好自組家庭，讓小孩無後顧之憂專心提升學識力，具備知書達禮、有主見的性格；扭轉了岳父母唯一長孫的命運，祖孫們和樂融融。相信讀者也可以在自足之餘，嘗試協助周邊的親友，雖然家家有本難念的經，但即使點到為止，未嘗不會因而改變一個人一個小孩的一生，甚至一個家庭未來的命運。若有親友的感情家庭事業不順遂或心情不佳時，皆適合即時推薦本書閱讀或贈閱，有一種不需要自己出面協助而具有潛移默化、助人為樂的效益。

每個人都有自己的人生，來自四面八方不同的家庭教育與個性，因為有緣而豐富了彼此的人生，無論此緣分是快樂悲傷、美滿結局還是百感交集，都不是天生就願意這樣的。人非聖賢孰能無過，我們要真心赦免作奸犯科之人的罪，且盡量協助他邁向正確的人生道路。我們要諒解低學識力的人因為無知而犯下的過錯，是人生背景造就了這不知所以然的傻瓜，在人生而修行的路途上一路碰撞寫下完結篇，以上文結，感恩。

丁博　敬上

國家圖書館出版品預行編目資料

人生管理學／丁博著. --初版.--臺中市：白象文化事業有限公司，2024.2
面； 公分
ISBN 978-626-364-194-5（平裝）
1.CST: 人生哲學 2.CST: 生涯規劃
191.9 112019259

人生管理學

作　　者　丁博
校　　對　丁博
發 行 人　張輝潭
出版發行　白象文化事業有限公司
412台中市大里區科技路1號8樓之2（台中軟體園區）
出版專線：（04）2496-5995　傳真：（04）2496-9901
401台中市東區和平街228巷44號（經銷部）
購書專線：（04）2220-8589　傳真：（04）2220-8505
專案主編　李婕
出版編印　林榮威、陳逸儒、黃麗穎、水邊、陳媁婷、李婕、林金郎
設計創意　張禮南、何佳諠
經紀企劃　張輝潭、徐錦淳、林尉儒
經銷推廣　李莉吟、莊博亞、劉育姍、林政泓
行銷宣傳　黃姿虹、沈若瑜
營運管理　曾千熏、羅禎琳
印　　刷　基盛印刷工場
初版一刷　2024年2月
定　　價　300元